高等职业教育文秘专业系列教材

办公室事务处理

主　编　王　丹

副主编　刘锦翠　刘迎春

参　编　张科杰　王　俭

机 械 工 业 出 版 社

本书打破以知识传授为主要特征的传统学科教材模式，紧紧围绕秘书岗位的典型工作任务，参照秘书职业资格标准确定教学内容，以"一个导向，两个驱动"的理念来编排内容。一个导向是指工作过程导向，两个驱动是指项目情境驱动和任务情境驱动。项目情境驱动是以模拟公司"翰林文化发展公司"行政部的工作情境作为本教材的预设情境；任务情境驱动是将实际工作中可能遇到的情境任务作为项目任务，力求增强教材内容与职业岗位能力要求的相关性，重视对学生职业能力的训练，而理论知识的选取则紧紧围绕项目任务完成的需要来进行。全书共设计了 6 个项目、19 个任务，学生通过 6 个项目的学习，合作完成 19 个任务，能够在实际操作中掌握办公室日常事务处理的基本知识、提升处理事务的能力和岗位职业素质。

本书可作为高职文秘及管理类专业的教材，也可作为参加秘书国家职业资格技能鉴定的辅助教材，还可以作为在职人员的参考书。为方便教学，本书配备了电子课件等教学资源。凡选用本书作为教材的教师均可登录机械工业出版社教育服务网 www.cmpedu.com 免费下载。如有问题请致电 010-88379375 联系营销人员。

图书在版编目（CIP）数据

办公室事务处理/王丹主编. —北京：机械工业出版社，2015.8（2025.9 重印）
高等职业教育文秘专业系列教材
ISBN 978-7-111-51125-0

Ⅰ. ①办… Ⅱ. ①王… Ⅲ. ①办公室工作－高等职业教育－教材 Ⅳ. ①C931.4

中国版本图书馆 CIP 数据核字（2015）第 184408 号

机械工业出版社（北京市百万庄大街 22 号 邮政编码 100037）
策划编辑：徐春涛 责任编辑：徐春涛
封面设计：张 静 责任印制：刘 媛
北京建宏印刷有限公司印刷

2025 年 9 月第 1 版第 10 次印刷
184mm×260mm · 9.5 印张 · 232 千字
标准书号：ISBN 978-7-111-51125-0
定价：29.00 元

电话服务 网络服务
客服电话：010-88361066 机 工 官 网：www.cmpbook.com
      010-88379833 机 工 官 博：weibo.com/cmp1952
      010-68326294 金 书 网：www.golden-book.com
封底无防伪标均为盗版 机工教育服务网：www.cmpedu.com

前　言

高职教育是以培养高素质技术技能型人才为己任的，在秘书专业人才的培养上更加注重实际操作能力和综合素质的培养，因此，在教材的开发上也要与之相适应，必须紧紧围绕秘书岗位的典型工作任务，以工作过程为导向，着力培养学生的实际工作能力。

本书编写的总体思路是：打破以知识传授为主要特征的传统学科教材模式，以学生为中心，通过任务驱动的形式，以"一个导向，两个驱动"的理念来编排教材。一个导向是指工作过程导向，两个驱动是指项目情境驱动和任务情境驱动。项目情境驱动是以模拟公司"翰林文化发展公司"行政部的工作情境作为本书的预设情境；任务情境驱动是将实际工作中可能遇到的情境任务作为项目任务，力求增强教材内容与职业岗位能力要求的相关性，重视对学生职业能力的训练。而理论知识的选取则紧紧围绕项目任务完成的需要来进行。

本书的主要特色有 3 个方面：

（1）教材定位：教学做一体。坚持学生的中心地位，教材设计的前提是充分考虑学生的情况，促进学生分析思考，便于学生动手实践，使学生在实际操作中掌握知识，提升能力。因此本教材更确切地说是一本"学材"。

（2）教材编排：简明直观，课证融通。参照秘书国家职业标准，将秘书职业资格考证的内容融入其中。每一个项目按照"项目导学—项目任务—考证通道—课堂项目实训"来编排，结构清晰。理论知识紧紧围绕项目任务完成的需要，穿插在任务实施的过程中，力求文字简洁，图文并茂。此外，每一个项目任务后设资料库，供学生拓宽视野，自主学习。

（3）教材使用：方便实用。通过校企合作和工学结合，充分开发教学资源，配备多媒体辅助教学资源包与课程网站，及时更新相关内容，方便教师的教和学生的学。

本书由王丹担任主编，负责全书的整体策划与统稿工作，由刘锦翠和刘迎春担任副主编。具体编写分工如下：王丹主要编写项目一、项目二、项目五；张科杰主要编写项目三、项目六；刘锦翠主要编写项目四；全书任务情境与相关案例由江苏淮安中央新亚集团刘迎春提供；全书延展训练与企业常用的表格由中国农业银行淮安分行王俭修改定稿。

本书在编写过程中，参考了国内外许多学者、专业人士的研究成果，在此谨向他们表示深深的谢意。部分图片来自于网络，因无法找到原作者因此没有注明，在此深表歉意。在本书编写和出版过程中，得到机械工业出版社编辑的大力支持，在此特致感谢。

由于水平有限，书中难免存在错误和疏漏之处，敬请广大读者不吝赐教。

编　者

目　　录

项目一

办公室环境管理

项目导学

项目描述

　　翰林文化发展公司成立 1 年来，各项工作逐步走上正轨，业务量也不断扩大。随着公司业务的不断发展，公司员工增加，原有的办公空间过于狭小，经公司领导研究决定，在万达广场租用了一层 300 平方米的新办公区，需要进行办公区域布局设计及办公环境布置工作，由行政部负责。翰林文化发展公司现有员工 28 人，其中总经理 1 人、副总经理 2 人、市场部 4 人、企划部 4 人、业务部 5 人、人事部 3 人、行政部 6 人、财务部 3 人。公司领导要求充分利用租用的空间进行合理的布局和设计，使资源利用最大化，同时要营造一个健康、安全的办公环境。

项目任务

　　任务一　办公区布局设计与布置

　　任务二　办公区环境维护与管理

学习目标

　　知识目标：了解部门办公区的构成要素、办公室布局的类型、办公室环境维护的范围，掌握办公室布局的原则和要求、整理办公环境的技巧和环境管理的基本方法。

　　能力目标：能对部门办公区进行合理布局；能采取措施排除常见隐患；能营造整洁、健康、安全的办公环境。

　　情感目标：能够与上司及部门其他人员很好地沟通与协调；有踏实肯干的工作作风和主动、热情、耐心的服务意识。

任务一 办公区布局设计与布置

🌀 情境导入

行政部主任施林接到为新办公场所进行办公区域布局设计的任务后，迅速召开了部门会议，讨论工作分工与实施计划。前台文员初萌认为，为满足公司各部门的实际工作需要，应要求每个部门结合公司具体情况，向公司上报一份办公室布局方案，再由行政部统筹协调。负责内勤的钟苗提出，要全面了解办公室布局、布置的原则和要求，这样在工作时就有章可循了。行政部助理高叶建议联系一家资质较好的装修公司协助设计。

🌀 任务描述

行政部主任施林要求高叶具体负责调研、设计的基础工作，拟订本部门办公室布局方案，并联系装修公司，给出 2 份公司办公区域设计与布局图，提交公司办公会议讨论。

🌀 任务分析

办公空间是一个组织开展经营活动所必需的，也是一种必须支付的资源，如何在适当面积的空间中获取组织的最大效益是一个组织在选择和设计办公结构和布局时必须考虑的。合理进行办公室布局，可以形成有效的工作流程，有利于员工的工作分配，有利于工作顺利完成。办公室的布局和布置不是简单的座位和设施的摆放，还需要考虑部门的工作性质、工作内容，要有利于工作人员之间的沟通，有利于内部监督及员工的自我监督，保证工作环境的协调和舒适。高叶充分吸收了部门各位同仁好的想法，迅速理清思路，确定了实施任务的步骤。

🌀 任务实施

Step1 了解公司整体组织架构

设计办公结构和布局首先就要考虑公司经营的性质或内容及公司机构的建制，如生产型企业和服务型企业在办公室布局上就有显著的差别，带有生产车间的企业，办公区一般安排得离门较近，离车间远些；而商场的办公区域通常不安排在商店的大门边，而放在较里面的位置。此外，还需要了解公司有哪些部室，每个部室有多少人员，以此来决定办公空间的分类。

高叶在核实公司的机构和建制后，画出了公司组织结构图。请帮助高叶在图中填上相应的内容。

- 总经理1人
- 副总经理2人
- 市场部4人
- 企划部4人
- 业务部5人
- 人事部3人
- 行政部6人
- 财务部3人

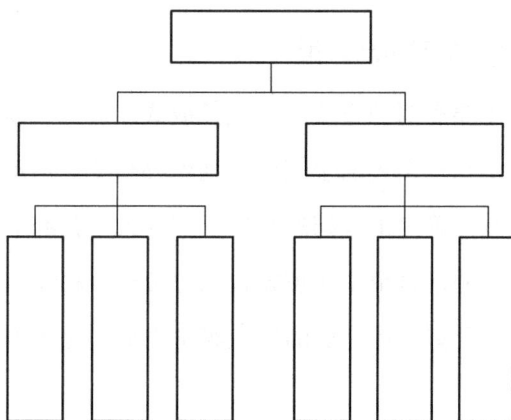

Step2　考察与分析部门业务工作

对各部门的业务工作内容与性质加以考察与分析，明确各部门之间的工作联系，以确保科学有效地实施工作流程，减少或避免不必要的重复和浪费。不同性质的部门设置的位置不同，如市场部、销售部主要以外联工作为主，人员往来频繁，适宜放在靠近外部的位置；财务部、人事部需要安全和保密，适宜放在靠里的位置。如果将业务相关联、相衔接的部门安排为近邻，可以减少工作人员和文件流动的次数和距离。在分析部门业务特点及对办公条件的要求时，着重考虑以下几点：

（1）所需面积、空间的大小。

（2）人员流动的频率。

（3）声音对办公效率的影响。

（4）需要设备及家具量的多少。

请在下面区域替高叶画一张各部门业务工作分析表，详细列出各部门的工作特点及布局设计上的特殊要求。

{An empty box with wavy borders}

Step3 选择办公室布局类型

办公室布局主要有两种方式，一是开放式布局，二是封闭式布局。

开放式布局是在一个大的空间内，利用办公桌、活动屏风、档案架、植物等可移动的物体来划分办公区域，确定工作间的布局。开放式办公布局不设个人专用办公室，组合工作间的材料丰富多样，通常每个工作位置包括办公桌、椅子、纸张、文具、文件的存放空间、计算机、电话等，办公室工作人员的地位级别主要不是由办公位置来确定，而是凭承担的任务来确定。

封闭式布局是按照办公职能设置分隔式的若干个相对独立办公室的布局。封闭式布局主要考虑相关业务处理的连续性和系统性，根据部门人员、业务特点、职能、设备等因素分配办公室，一般一个部门一间或多间。

开放式办公室和封闭式办公室各有优缺点，现代企业通常会采用开放式布局为主，局部使用封闭式布局的方法。请在下面区域列表说明开放式办公室和封闭式办公室的优缺点，并指出公司的哪些部门适合采用封闭式办公室。

适合采用开放式办公布局的部门有_____

适合采用封闭式办公布局的部门有_____

Step4　根据工作人员设定办公空间

员工的工作位置及办公空间的大小通常根据员工的工作性质、内容及各员工之间的关系来确定，一般而言，每个人的办公空间，大者可 3～10 平方米，小者 1.5～8 平方米即可。每个部门按工作人员数额及办公所需的空间，设定空间的大小。在进行办公区域分配时，通常要用列表将各部门的工作人员及其工作分别记载下来，以此为依据确定每位员工的工作位置。

请在下面区域列表记载行政部各人员的工作内容及所需办公空间的大小。

Step5　选择部门办公区的样式

常见的办公区布置样式有相向式、背向式、小间式、围坐式、同向式、链杆式、层叠式等。布置时要充分考虑部门工作的性质和内容以及部门内部组织和人员分工。例如，相向式、围坐式、链杆式便于沟通，有利于办公室配置的效率化，适合比较定型的业务操作，通常在开放式的办公布局中使用；背向式、小间式、层叠式便于个人集中精神思考，适合要求有独立创造性的工作；同向式可以避免办公室人员的目光交流，避免互相干扰，适合在封闭式的办公布局中使用。

行政部办公区应采取何种样式布置？为什么？其他部门呢？

_____

_____

_____

_____

Step6　选配办公家具及设备

根据工作需要，为办公区选配办公家具及设备，不同的工作内容和性质所需办公家具和设备也不完全相同。一般来说，每个工作人员至少应配备办公桌、椅、电脑及存储空间，在开放式的办公区域，可以集中设置办公设备区，供各部门使用。

请根据行政部的工作职能，在下面区域列表记载行政部所需办公家具和设备的名称和数量。

Step7　绘制办公区布局图

根据工作需要，绘制办公区域布局图。在布局图中要标明各部门办公区域所在的位置、办公区域采用的布置样式、公共区域的设置等。在绘制办公区域布置图时，最好要考虑到以下几点：

（1）采用以开放式空间为主的布局，在采光、通风、监督、沟通等方面比同样大小封闭的若干办公室更优。

（2）在设计上讲究灵活性，采用容易移动或拆除的间隔物进行隔断，便于根据组织发展需要改编布局和布置。

（3）通常将有许多外宾来访的部门置于入口处，避免来客干扰其他部门工作。

（4）需要保密的部门应设在办公区域最里端，或设为封闭式小办公室。

（5）工作性质和职能相近或联系紧密的部门尽量靠近，便于提高沟通效率。

（6）预留充足的走道，并保持走道的畅通。

（7）设置便捷的公共区域，如会客区、办公设备区、休息区等。

请根据公司的实际情况在下面区域帮高叶画出布局图。

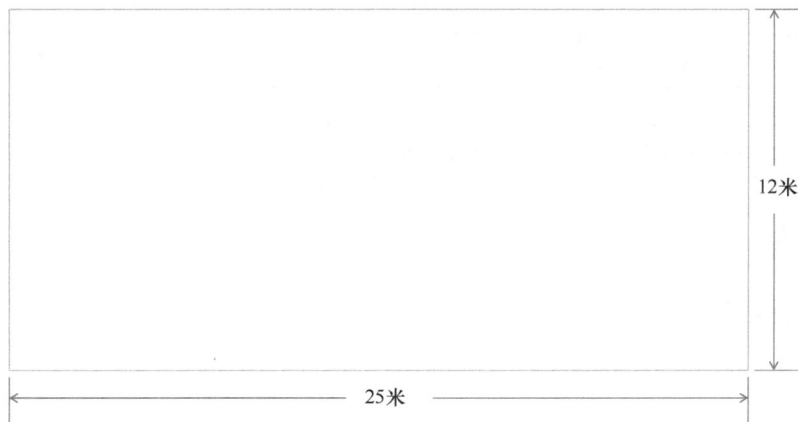

12米

25米

Step8　合理布置部门办公区

协调、舒适是办公室布置的一项基本原则。这里所讲的协调是指办公室的布置和办公人员之间配合得当；舒适，是指办公人员在布置合理的办公场所工作时，没有不适感。在布置办公区域时，通常要注意以下几点：

（1）按工作流程和职位安排座位，讲究合理有序，互不干扰，各座位间通道要适宜。

（2）办公桌椅柜架的排列应采用直线对称。

（3）使用统一规格的档案柜，高度统一，增进美观。

（4）将复印机、传真机等大件办公设备安置在统一区域内，便于接电源线、管理和保养，常用设备应放在使用者近处。

（5）电话最好5平方米空间范围内设一部，以免接电话离座位太远，分散精力，影响效率。

（6）封闭式办公空间内，同室人员朝同一方向办公，领导应位于后方，以便监督。

为了使部门办公区更加整洁、美观，员工工作更加高效，还需对办公区环境的布置提出合理的建议并付诸实施。请对行政部环境布置提出一些建议：

_____

_____

_____

_____

反馈小结

延展训练

根据下图回答问题：

（1）请在图上空格中填上合适的工作区域名称。

（2）图中采用了什么样的办公区布局方式？

（3）你认为图中办公区的布局合理吗？说一说你的理由。

（4）你认为图中办公区的布置是否得当？请提出一些好的建议。

资料库

人性化办公环境注重"人本"设计

工作节奏加快的现代社会，办公环境的好坏很大程度上决定人们的工作状态。在传统的设计中，老板的办公室往往占据最佳位置，不是通风最好就是临窗视野开阔，而在比较人性化的设计中，能看见室外美景的位置一般会留给员工，员工才是第一位的。

在美国华盛顿，每年都会评选出这样一个奖项：最受员工欢迎的办公环境奖。华盛顿设置这个奖项也是为了在该地区产生出更多更好的人性化办公环境，让员工能够在工作中充分感受到舒适。

人性化办公环境一般要符合人的生理需求，办公环境应该自然通风、能够很好地采光，如 MG2 在美国赖特蒙市新市政厅的室外设计上，充分利用自然光和自然通风，保证主要工作空间朝向南或西南以争取最大限度地利用自然能源，不会让员工待上一会儿就感到疲倦。另外，室内要控制好温度、湿度、噪声等，这些都是使人们能够长时间高效率待在办公室的因素。

当然，更深层次就要考虑人的心理需求了。室内设计到位能够让员工直接感受人性化办公环境。工作中员工有时是需要交流的，周到的办公环境在设计时会专门留出员工交流的空间，而且位置比较明显，不会放置在小角落，员工可以聊天、休息、喝咖啡。一般会把起居室的家庭气氛引入办公环境，如在休息空间摆放具有艺术感的沙发，或者装饰一些可以活跃气氛的摆件等。

在国内一些办公环境中，经常可以看见员工偷偷小声打电话，而在国外，专门有供员工打私人电话的空间，在一些更加人性化的环境中，还会有浴室、洗衣房等，家的感觉会让员工更乐意效劳。例如，微软公司的办公环境的某些细节之处就体现了这种人性化原则：各个建筑物连接的地方设有自助餐厅，在办公环境中提供免费饮料、休息场所，甚至会有电子游戏室供员工们放松。另外，在美国一些高科技公司，工作人员可以带着心爱的宠物上班；在星巴克总部，母亲可以带着幼儿上班，因为办公场所中设计了"喂奶室"。

对于"人性化办公环境",人们需要改变一些观念。很多国内的老板认为,给员工提供过于"人性化的办公环境"会导致员工工作更加懒散。但实际上,给员工足够的信任与尊重,一个好的办公环境能够留住更多的人才。

任务二　办公区环境维护与管理

情境导入

翰林文化发展公司办公区布局设计终于完成,办公室区域布置也已告一段落,各部门工作逐步走上正轨。但行政部助理高叶发现,由于大家忙于手头工作,忽视了对办公区域环境的维护与管理,不少人的办公区域不够整洁,甚至存在各种安全隐患。由于初期在设计时考虑得不够完善,办公环境还有待进一步优化。为引起公司领导重视,高叶拍摄了一些办公场所的图片来说明问题,希望加强办公环境的维护和管理。

任务描述

公司领导听完高叶的汇报后,要求行政部制订办公环境维护和管理的制度,做好环境维护和环境管理工作,在短期内抓出成效,营造健康安全的办公环境。

任务分析

整洁、有序的办公环境对企业的形象和绩效都会产生一定的影响。创造和保持一个和谐、美观、整洁、安全的办公环境,有助于办公室日常工作的完成,也有利于工作人员的身心健康。维护和管理好部门工作环境,是秘书人员的职责。要做好办公环境管理工作,首先要了解健康安全的办公环境的基本要求,其次要及时维护工作环境,保持工作环境整洁,第三要能识别安全隐患,定期进行安全检查,排除隐患。

🌀 任务实施

Step1　了解办公环境的构成要素

办公环境主要包括硬环境和软环境两部分。硬环境包括办公室空间环境、视觉环境、听觉环境、空气环境、安全环境等外在客观条件；软环境主要包括办公室（会客室）的工作气氛、工作人员的个人素养等社会环境。

空间环境指房间的分配、空间的设计、设备家具的布置等。

视觉环境包括办公室内的色彩、光线、绿化、装饰。

听觉环境指办公室所处空间的有益、无益的声音等。

空气环境指办公室的温度、湿度、空气流通与净化等。

安全环境指办公室的防火、防盗、防意外伤害等。

思考一下，什么样的硬环境和软环境有利于提高办公室工作效率？

_____

_____

_____

_____

Step2　掌握健康安全办公环境的基本要求

请仔细阅读以下办公环境管理制度：

翰林文化发展有限公司办公环境管理制度

第一条　为规范公司办公管理，营造一个文明有序、健康安全的工作环境，特制定本制度。

第二条　本制度实施范围为公司各部门、会议室、办公室、厕所、走廊等所有场所。

第三条　办公室环境卫生标准

办公室卫生要做到"五净一整齐"，即地面净、墙面净、桌面净、家具净、室内电器设备净，物品摆放整齐。

（1）办公桌面整洁，物品摆放有序，不可摆放过多物品。

（2）档案柜内书籍按照高、中、矮次序整齐摆放；存档资料须将文件放置文件盒内并在文件盒立脊处按统一方式标示文件名后摆放柜内；柜顶不可摆放任何物品。

（3）办公室地面干净整洁，无纸屑、水渍和杂物，个人周边有纸屑、杂物要及时清理。

（4）个人使用的电脑主机、显示屏及键盘、鼠标应经常擦洗、保持清洁。

（5）要注意保持公共区域清洁，不乱扔垃圾。

第四条　办公环境安全标准

（1）光线充足，温度适宜，空气流通、质量好。

（2）办公室空间及座位空间适当，办公家具、办公设备、办公用品符合办公所需并符合健康、安全的要求。

（3）经常进行电脑杀毒、文件备份工作，重要文件应加密。如电脑有异常，应向行政部申报，由网络负责人进行维护，不得擅自进行电脑拆装。

（4）办公设备安装、操作符合要求，应在显著位置张贴操作指南及注意事项。

（5）门、窗、隔断等符合安全要求，锁、扣完好，工作人员离开时要及时锁门关窗。

（6）设置必要的消防设施、设备及报警装置，设置急救包，并定期更换。

第五条　办公室人员行为规范

（1）办公室人员上班着装要整洁大方，服饰得体、干净，佩戴公司标志牌；仪容仪表庄重，保持个人良好形象。

（2）坚守工作岗位、不串岗。

（3）保持办公场所的安静严肃与和谐，不得在办公场所大声喧哗、谈笑。

（4）养成良好的个人卫生习惯，自觉搞好个人及室内卫生，不乱扔纸屑、杂物，不随地吐痰。

（5）办公区域内不允许吸烟。在公共区域吸烟的人员，将烟头熄灭后离开。

（6）不因私事使用公司办公电话；不用公司电脑上网聊天或做其他与工作无关的事，不随意使用其他部门电脑，私客不经领导批准不允许使用公司电脑。

第六条　办公室环境现场管理

（1）每天由行政部前台对办公环境进行巡查，及时发现问题及时纠正。

（2）每周五下午16：00进行卫生大扫除，彻底清理个人桌面、地面、电脑等处的灰尘，清扫后由行政部与各部门负责人组成检查组进行检查，不合格处一处扣罚5元。

（3）每两周组织一次安全检查，日常工作中各部门发现安全隐患要及时上报，由行政部负责协调处理。

2016 年 5 月 8 日

根据以上《翰林文化发展有限公司办公环境管理制度》，整理出健康、安全的办公环境的基本要求：

_____

_____

_____

_____

_____

_____

Step3　改善与优化办公环境

为了使办公区健康、和谐、美观、整洁，还需要对办公区环境进行不断改善和优化，可以在光线、温湿度、隔音设备、色彩、绿化、装饰等方面下功夫，以优美的办公环境促进部门整体办公效率的提升。

（1）光线：尽可能采用自然光线，光线宜从左上方或斜后方照射；避免光线过强或直照双目，避免电脑屏幕反射，可用窗帘或百叶窗调节；局部照明要达到要求，灯光不闪烁。

（2）温湿度：一般来说，适宜的温度在 22～26℃；适宜的湿度应保持在 40%～60% 之间。

（3）隔音设备：一般来说，超过 70 分贝即为噪声，有研究显示，有噪声和无噪声的环境下，工作效率相差 25%。可利用屏障、地毯、隔音罩减少室内噪声。

（4）色彩：不同性质和文化氛围的公司选择的色彩不同，一般说来墙壁、地面构成的主色调宜偏冷、偏浅，可用桌面、窗帘、屏风等物体的颜色进行协调。

（5）绿化：办公室绿化不仅能点缀、美化环境，而且可以调节周围的小气候。但不是所有的植物花卉都适合放在办公室，选择适当的绿植非常重要。

（6）装饰：装饰应与整个组织的性质或企业文化相适应，以庄重、简洁为好，避免奢华和俗气。

请上网查询哪些植物花卉适宜摆放在办公室，哪些不能摆放在办公室。

适宜办公室种植的植物花卉有：_____

_____

不适宜办公室种植的植物花卉有：_____

_____

Step4　维护办公区环境整洁

秘书对日常办公环境的管理包括 3 个方面的内容，即个人工作区的环境管理、上司办公室的环境管理、日常公务活动区（公共设备区、休息区、会议室、接待室等场所）的环境管理。

（1）个人工作环境维护：保持个人工作环境整洁，个人办公桌必备物品摆放有序。

（2）公共区域环境维护：保持公共区域环境整洁，及时整理文件柜、档案柜、书架、物品柜等公用资源，公共区域物品摆放规范，便于取用，用后归位。

（3）上司工作环境维护：上司办公室的整理应在上司上班前完成，主要工作包括开窗换气、调整空调温湿度、整理桌面、检查办公用品、准备好茶水、搞好清洁卫生等。

请观察下图，思考一下应该如何摆放办公用品，维护个人工作环境。

电话：＿＿＿＿＿＿＿＿＿＿＿＿＿＿＿＿＿＿＿＿＿＿＿＿＿＿＿＿＿＿＿

电脑：＿＿＿＿＿＿＿＿＿＿＿＿＿＿＿＿＿＿＿＿＿＿＿＿＿＿＿＿＿＿＿

文具：＿＿＿＿＿＿＿＿＿＿＿＿＿＿＿＿＿＿＿＿＿＿＿＿＿＿＿＿＿＿＿

文件：＿＿＿＿＿＿＿＿＿＿＿＿＿＿＿＿＿＿＿＿＿＿＿＿＿＿＿＿＿＿＿

参考书和资料：＿＿＿＿＿＿＿＿＿＿＿＿＿＿＿＿＿＿＿＿＿＿＿＿＿＿

Step5　识别安全隐患

办公室的工作，表面上看起来非常安全，实际上，办公环境、办公设备等方面都可能存在大量有关安全和健康的隐患，秘书要能识别办公区的隐患，做到防患于未然。

请针对以下安全隐患，举出实例：

（1）地、墙、顶棚、门、窗中的隐患

如＿＿＿＿＿＿＿＿＿＿＿＿＿＿＿＿＿＿＿＿＿＿＿＿＿＿＿＿＿＿＿＿＿

（2）室内光线、温度、通风、噪声、通道方面的隐患

如＿＿＿＿＿＿＿＿＿＿＿＿＿＿＿＿＿＿＿＿＿＿＿＿＿＿＿＿＿＿＿＿＿

（3）办公家具方面的隐患

如_____

（4）办公设备及操作中的隐患

如_____

（5）工作中疏忽大意造成伤害的隐患

如_____

（6）工作中疏忽大意造成泄密的隐患

如_____

（7）火灾或消防中的隐患

如_____

Step6 进行安全检查

为预防安全事故的发生，各部门应定期或不定期开展部门工作区的安全检查。在检查时要根据实际情况填写"隐患记录及处理表"和"设备故障登记表"，前者记录办公环境和办公设备两部分的隐患，后者记录办公设备运行中出现的故障。检查中发现隐患，要及时处理，在职责范围内排除危险或减少风险，发现个人职权无法排除的危险，有责任和义务向上级报告，并积极跟进，直到解决。

高叶在进行行政部办公区安全检查时，作了如下记录：

（1）电源插座横置在过道处，电源线零乱。

（2）电脑屏幕亮度太高。

（3）复印机卡纸，复印机中原件未取走。

请帮助高叶填写下表。

隐患记录及处理表

序　号	时　间	地　点	发现的隐患	造成隐患的原因	隐患的危害和后果	处 理 人	处理办法

设备故障登记表

时间		检查人	
设备名称		故障描述	
维修要求		维修责任人	

🔄 反馈小结

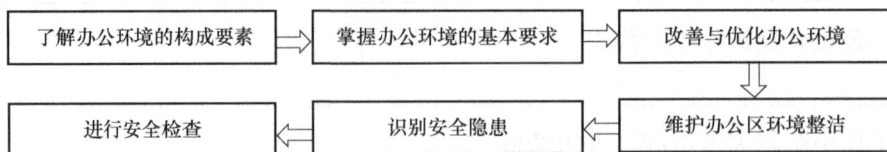

```
┌──────────────────────┐    ┌──────────────────────┐    ┌──────────────────────┐
│ 了解办公环境的构成要素 │ →  │ 掌握办公环境的基本要求 │ →  │   改善与优化办公环境   │
└──────────────────────┘    └──────────────────────┘    └──────────┬───────────┘
                                                                    ↓
┌──────────────────────┐    ┌──────────────────────┐    ┌──────────────────────┐
│     进行安全检查      │ ←  │     识别安全隐患      │ ←  │   维护办公区环境整洁   │
└──────────────────────┘    └──────────────────────┘    └──────────────────────┘
```

🔄 延展训练

（1）请阅读下面文字，说一说秘书张洁应该如何整理上司的办公室。

王总经理近来为公司的一个新项目日夜忙碌，总经理办公室和技术部的人员也全体加班，每天都是忙到深夜。这天秘书张洁按照提前 30 分钟来到公司，一进总经理办公室，发现屋里杂乱不堪。办公桌上、沙发上、茶几上、地上都是文件材料，室内空气污浊，所有的东西都不在正确的位置，饮水机里的水也不多了。张洁看到这种状况，马上开始整理……

（2）下图是秘书小孙的办公区域，请找出其中存在的问题（不少于 8 项）。

🔄 资料库

如何做好现代企业办公环境设计

办公室是企业文化的一个体现方面，好的设计能让员工工作积极，也让客户感觉到企业的文化和氛围。现代办公环境设计，首先要对企业类型和企业文化有深入理解。只有充分了解企业类型和企业文化，才能设计出能反映该企业风格与特征的办公空间，使设计具有个性与生命。其次要对企业内部机构设置及其相互联系有所了解。只有了解企业内部机构才能确定各部门所需面积设置和规划好人流线路。事先了解公司的扩充性亦相当重要，这样可使企业在迅速发展过程中不必经常变动办公室人流线路。第三要做好合理规划。现代办公室，电脑不可缺，较大型的办公室经常使用网络系统。规划通信、电脑及电源、开关、插座时必须注意其整体性和实用性，在设计中还要融入环保观念，注意节约能源。第四要勿忘舒适标准。办公室设计，应尽量利用简洁的建筑手法，避免采用过于复杂的造型、烦琐的细部装饰、过多过浓的色彩点缀。在规划灯光、色彩和选择装修材料和办公家具时，应充分考虑其适用性和舒适性。具体来说，在设计时主要要考虑以下几点：

1. 注意环境中的色彩搭配

颜色影响着人的情绪和注意力，譬如：暖色调使人愉快欢乐，蓝、绿、白色使人联想到蓝天、森林、白云，给人以安详宁静、悠然清新的气氛，米灰、紫灰、青灰等各种灰色调以和谐微妙的变化给人以从容高雅、宁静和谐的气氛，而土黄、土红、土绿、赭石则给人以淳朴稳重的感觉。通常在谈论色彩时往往容易局限于地面、墙面与顶棚，其实室内的一切装修、家具以及陈设都应包括在内。除此之外，还要考虑相邻建筑空间的墙纸、窗帘、地毯、家具、装修等色彩的相互协调。一个好的办公室设计，必须在色彩搭配方面进行全面、认真的推敲，这样才能取得令人满意的效果。较常见的手法是大面积的调和与重点的对比相结合，能取得画龙点睛的效果。

2. 恰当使用采光与照明

自然采光依然备受青睐，原因在于它节能而且能提高工作效率。对于其他的光源，向上照射灯和LED照明非常受欢迎，因为它们更节能，而且比标准的荧光灯更耐久。理想的办公环境应避免光反射，视觉作业的邻近表面以及房间内的装饰表现宜采用无光泽的装饰材料。办公室的一般照明应设计在工作区的两侧，采用荧光灯时宜使灯具纵轴与水平视线平行。不宜将灯具布置在工作位置的正前方。

3. 选用天然材料与环保材料

天然的材料和表面，如石材、板岩以及中间色至深色的木表面越来越流行，此外，环保的、可循环利用的褐色地毯变得更常用。随着"绿色材料"的使用，室内环境中污染物急剧减少，这对地毯和家具表面同样适用。

4. 选择舒适灵活的家具

现在比以往任何时候，商业企业都指望创造更加高效的工作空间，以达到舒适和灵活的感觉。机动性对员工非常重要。就质量、灵活性和耐用性而言，家具变得比以前更加先进。此外，人体工程学椅子需求依然旺盛，因为它降低了员工的压力和受伤可能，同时增强了舒适感和养成正确坐姿，而后两者对公司的工作效率影响巨大。

考 证 通 道

🌀 要点指导

　　要求学习者了解办公环境的基本要求，掌握办公室布局的基本知识；能够营造健康、安全的办公环境，能够正确选择办公模式，合理地布置办公室，并能对办公环境进行评估。

1．五级秘书

（1）能够维护接待室、会议室等相关公共区域的环境。

（2）能够维护上司的办公室环境。

（3）能够维护本人的办公室环境。

2．四级秘书

（1）能够布置办公室。

（2）能够检查办公环境的安全状况。

（3）能够提出办公室安全隐患的处理办法。

3．三级秘书

（1）能够选择办公模式。

（2）能够提出办公室布局方案。

🌀 模拟习题

1．选择题

（1）办公室中的计算机的屏幕被强光照射，符合填写（　　　）的要求。

　　A．《设备故障表》　　　　　　　　　　B．《隐患记录及处理表》

　　C．《设备隐患表》　　　　　　　　　　D．《设备处理表》

（2）在布置办公室时应使自然光（　　　）。

　　A．来自桌子的左上方或斜前上方　　　　B．来自桌子的右上方或斜后上方

　　C．来自桌子的左上方或斜后上方　　　　D．来自桌子的右上方或斜前上方

（3）布置办公室的三大原则是（　　　）。

A．有利于沟通，便于监督，协调、舒适

B．有利于保密，便于监督，协调、舒适

C．有利于沟通，便于监督，严肃、紧凑

D．有利于沟通，便于活动，开放、舒适

（4）一般而言，每个人的办公空间，（　　　）。

A．大者可为3～10平方米　　　　　　　B．小者可为3～10平方米

C．普通者可为1.5～8平方米　　　　　　D．普通者可为5～8平方米

（5）办公室布置要求办公桌的排列应考虑下列因素：（　　　）。

A．直线对称原则　　　　　　　　　　　B．工作程序

C．工作人员的个人习惯　　　　　　　　D．工作人员工作时的朝向

（6）公司行政部的秘书应对（　　　）进行安全检查。

A．办公环境　　　　B．办公设备　　　　C．生产车间　　　　D．研发部门

（7）办公室内降低噪声的方法有（　　　）。

A．利用屏障　　　　B．铺设地毯　　　　C．利用隔音罩　　　　D．减少走动次数

（8）在布置办公室时，最好将主管的座位置于（　　　）。

A．员工座位的后方　　　　　　　　　　B．办公室入口处

C．方便监控员工工作的位置　　　　　　D．较隐蔽处

（9）办公室中适合的温度应该在（　　　）为宜。

A．16～20℃　　　B．18～22℃　　　C．20～25℃　　　D．22～26℃

（10）秘书一般可以在自己的办公区内（　　　）。

A．张贴公司的Logo　　　　　　　　　　B．张贴公司通讯录

C．张贴自己喜欢的明星的照片　　　　　D．摆放绿色植物

2．实务题

便　　条

钟苗：

　　最近，在公司新址搬迁的过程中出现了财务部和市场部因办公用房发生矛盾的情形，总经理要求我们召开会议协调解决。请你分析一下开放式办公空间布局和封闭式办公空间布局的优缺点，并对财务部和市场部办公室的位置和布置提出建议，供参考。

行政经理　苏明

2016年8月25日

课堂项目实训

实训内容

观察一间办公室，找出其布局、布置等方面的优点和缺点，写一份评估报告，并按照办公区域布置的原则和要求，对其重新布置，画出布局图。同时找出安全隐患，并填入安全隐患记录及处理表中。

上交作业

（1）人员分工表 1 份。

（2）办公室布局布置评估报告 1 份（不少于 500 字，包括总体情况、存在问题、改进意见等）。

（3）办公室布局图 1 份。

（4）安全隐患记录及处理表 1 份。

（5）成果汇报 PPT 1 份。

实训要求

（1）分组进行，分工合作。

（2）时间：4 学时（其中，2 学时完成文字材料，2 学时分组汇报讨论）。

（3）作业格式要统一规范，设计合理，表述清楚。布局图可以手绘也可电脑制作。

评分标准

（1）文字材料 40%+实训态度 20%+小组协作情况 20%+成果汇报总结 20%。

项　　目	分 值 比 例	评 分 要 点
文字材料	40%	格式正确，结构完整，内容表述清楚，条理清晰，排版规范
实训态度	20%	工作主动，积极参与
小组协作情况	20%	组内优化方案质量高，团队合作精神好，合作能力强
成果汇报总结	20%	语言表达流利、表述准确，PPT 制作美观大方

（2）教师 60%+小组互评 20%+自评 20%。

项目 ②

办公室时间管理

项目导学

项目描述

在担任翰林文化发展公司人事部部门文员的一年里，李娜以其高度的责任心和良好的沟通协调能力赢得了部门领导的赏识，也曾在公司企业文化宣传方面展示了自己较深的文字功底。因此，当前任总经理秘书因故辞职后，人事部向总经理推荐了李娜，并且得到了总经理的认可。刚走上总经理秘书岗位的李娜是个时间观念很强的员工，她的一个很重要的工作内容就是做好总经理的时间安排，如制订工作计划、编制工作日志、做好总经理的约会安排、差旅安排等。尽管在部门内训时李娜与同事们分享过时间管理的方法和技巧，但在实际工作中仍然遇到了一些问题，李娜只有一边工作，一边学习，多与总经理和其他人员沟通，逐渐掌握了有效的工作方法。

项目任务

任务一 掌握时间管理的方法

任务二 编制、管理工作日志

任务三 领导约会安排

任务四 领导差旅安排

学习目标

知识目标：掌握时间管理的基本方法；工作日志的填写内容、填写方法以及工作日志的变化与调整；上司约会安排和差旅安排的基本程序。

能力目标：能够科学、合理地对时间进行管理，合理编制工作日志，提高工作效率；能够有条理地安排上司的活动和约会。

情感目标：能够与上司及部门其他人员很好地沟通与协调；有踏实肯干的工作作风和主动、热情、耐心的服务意识。

任务一　掌握时间管理的方法

情境导入

周一上班，李娜看了一眼工作日志，不觉感到头大，知道这又是忙碌的一天。除了日志上配合李总要做的一些工作外，李娜还有一些其他事情需要处理，她沉下心来，理清头绪，开始进入工作状态。以下就是李娜要做的工作：

（1）近期新招聘了一批职员，将于下周进行集中的岗前培训，人力资源部邀请李娜给新职员作一次公文处理的讲座。

（2）总经理要求李娜拟定一个控制会议次数和时间的方案。

（3）给山水公司黄总的秘书打电话，协商本周三商务会谈事宜。

（4）为李总预订周日飞往广州的机票和在广州的酒店。

（5）准备下午 3:00 李总与×国汽车销售商谈判所需的会议室和材料。

（6）10 天后淮扬菜旅游文化节演出，主办方来函问本公司是否需要优惠的集体入场券，如果不回电，视作放弃。

（7）市场部一职员的女儿考上清华大学，要以公司的名义给他打祝贺电话，通知他到财务部领取 3 000 元奖学金。

（8）省党报记者写了一篇国务院副总理视察我公司的通讯稿，已发到公司电子信箱，要求打印出来给公司领导过目确认事实，并加盖公章后传真回去。

（9）将财务部新发的办公经费报销规定复印一份备存，原件放置文件传阅夹中由各部门传阅。

（10）准备每周一上午 10:00 的部门经理例会。

任务描述

请按照时间管理理论，帮助李娜将待处理的十项工作进行排序。

任务分析

时间是一种宝贵的资源，对每个人来说都是有限的。秘书每天要做的工作很多，而各项工作的紧急程度、重要程度各不相同，要在有限的时间内做到井井有条、有序地工作，就必须要了解和掌握时间管理理论，掌握有效管理时间的方法，合理地分配精力，有效地利用时间，提高工作效率。

任务实施

Step1　理解时间管理的概念

时间管理是指在同样时间耗费的情况下，为提高时间利用率而进行的一系列控制工作。这种控制是应用现代科学技术的管理方法，对时间消耗进行计划、实施、检查、总结评价和反馈等程序，以达到预期的目的。秘书人员时间管理的目的在于发现时间的各种规律，从而科学地安排和使用时间，避免被时间所支配。

Step2　了解时间管理的一般原则

秘书人员的时间大致可分为两类，一是不可控制的时间，二是可控制的时间。秘书人员对时间管理的成功，在于尽量把不可控制的时间变为可控时间，不让可控时间随便溜走。有效利用时间存在一般原则：

（1）用精力最佳时间干最重要的工作。

（2）消费时间要计划化、标准化、定量化。

（3）保持时间上的弹性。

（4）保持时间利用的相对连续性。

（5）一般工作"案例化"，固定工作"标准化"。

（6）严禁事必躬亲。

（7）及时反省浪费掉的时间。

（8）坚持从现在做起。

Step3　掌握时间管理的方法——四象限法则

著名管理学家科维提出了一个时间管理的理论，把工作按照重要和紧急两个不同的程度进行了划分，基本上可以分为4个"象限"：既重要又紧急、重要但不紧急、紧急但不重要、既不紧急也不重要。这就是关于时间管理的"四象限法则"，又称 ABCD 法则。

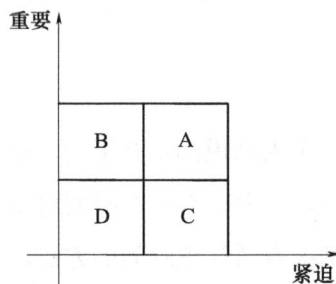

先做 A。重要又紧急属于第一象限 A 类，这一类的事情具有影响的重要性和时间的紧迫性，无法回避也不能拖延，必须首先处理，优先解决。它表现为重大项目的谈判、重要的会议工作等。

次做 B。重要但不紧急属于第二象限 B 类，这一象限的事件不具有时间上的紧迫性，但它具有重大的影响，对于个人或者企业的存在和发展以及周围环境的建立维护，都具有重大的意义。这类事件如建立人际关系、人员培训、制订防范措施等。

再做 C。紧急但不重要属于第三象限 C 类，这些事情很紧急但并不重要，因此这一象限的事件具有很大的欺骗性。很多人认识上有误区，认为紧急的事情都显得重要，如无谓的电话、临时访客等，这些不重要的事件往往因为它紧急，就会占据人们很多宝贵时间。要善于分清紧急事情是否重要，合理分配时间。

既不紧急也不重要属于第四象限 D 类，大多是些琐碎的杂事，没有时间的紧迫性，没有任何的重要性，可以不做。

请按优先程度为李娜要做的 10 件事情排序：

（1）_____

（2）_____

（3）_____

（4）_____

（5）_____

（6）_____

（7）_____

（8）_____

（9）_____

（10）_____

Step4　使用时间管理的工具管理时间

有许多种简单的时间管理辅助手段可以帮助秘书有效地分配和管理时间，如效率手册、时间表、待办文件夹、墙上计划板、值班表等，其中最常用的时间管理工具是时间表，它是将某一时间段中已明确的工作任务清晰地记载和标明的表格，是提醒使用人和相关人按照时间表的进程行动，从而有效地管理时间，达成工作任务。根据时间区间不同，时间表可分为年度时间表、月时间表、周时间表、日时间表（日志）等。

翰林文化发展公司 2017 年工作计划表

序　号	月　份	事　项	具 体 内 容	责任部门	负 责 人	分管领导

翰林文化发展公司周工作计划表

2017 年 3 月 10 日～3 月 14 日

时间＼星期	星期一	星期二	星期三	星期四	星期五

编制时间表一般按照以下步骤：①根据需求确定编制时间的周期；②收集并列出该阶段所有工作、活动或任务；③发现活动有矛盾，主动协调，及时调整；④按时间顺序将任务排列清晰；⑤绘制表格；⑥用简明扼要的文字将信息填入表格，包括内容、地点。

思考一下本年度自己重点要完成哪些事情，在下面区域中为自己编写一份年度计划表。

反馈小结

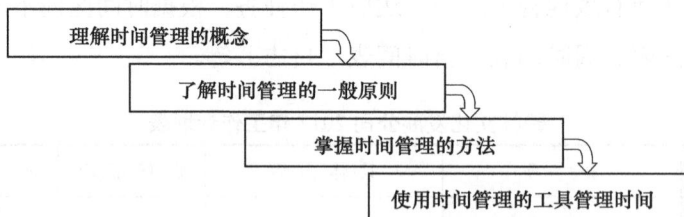

理解时间管理的概念

了解时间管理的一般原则

掌握时间管理的方法

使用时间管理的工具管理时间

延展训练

周五上午，李总把李娜叫进办公室，对她说明了自己下周（3 月 7 日至 3 月 11 日）的工作内容，吩咐李娜做好一份计划表，下午下班前交由自己审阅。李娜一边听一边做着记录，李娜所做的记录内容如下：

（1）公司部门经理例会。

（2）出席市场部的季度工作动员会。

（3）安排与山水公司的黄总进行商务谈判。

（4）应邀去参加周五南京栖霞文化公司组织的客户联谊会。

（5）迎接周三市工商局、环保局的检查。

（6）组织各部门负责人学习新的《企业法》。

（7）参加公司女员工的三八妇女节庆祝活动（晚宴）。

（8）听企划部人员关于下一季度的企划方案的汇报。

请帮李娜完成这份周计划表。

资料库

时间管理的有效方法：ABC 时间管理法

ABC 时间管理法，就是以事务的重要程度为依据，将待办的事项按照由重要到轻的顺序划分为 A、B、C 三个等级，然后按照事项的重要等级依据完成任务的做事方法。

ABC 时间管理法可谓事务优先顺序法的"鼻祖"，它不但屡屡为时间管理专家们所称道，还被许多热衷于规划生活的人们所采用。这种方法可以有效解决因日常事务异常繁乱而陷入混乱的状况，使学习、工作和生活等活动在有条不紊中进行。

要想学会使用 ABC 时间管理法，可以按照以下步骤和原则进行：

1. 划分事务级别

根据事务的重要性来规定优先顺序，对每一项工作做如下考虑：这件事是不是有助于达到我的长期目标或短期目标？能不能取消这项工作？能不能与别的工作合并？能不能以简便的关系代替？做出判断之后，再根据判断确定事物的级别。

A 级事务

如果非常有助于达到目标，即为最重要的事项，将其标注为 A——必须做的事。A 级事务是指与实现自己的目标相关的关键事务，如管理性指导、重要的客户约见、重要的期限临近、能带来领先优势或成功的机会。

A 级事务都是必须在短期内完成的任务。一旦完成，A 级事务就会产生显著的效果。而如果事务未完成，那么严重的、令人沮丧的、甚至是灾难性的后果就有可能发生。A 级事务的关键是需要立刻行动起来去做。

B 级事务

如果对于达到目标具有一般的意义，即为次重要的事项，将其标注为 B——应该做的事。B 级事务是指具有中等价值的事务，这类事务有助于提高个人或组织业绩，但不是关键性的。

B 级事务是应该在短期内完成的任务。虽说不如 A 级事务那样紧迫，但它仍然很重要。这些工作可以在一定期限内相应地推迟。若规定的完成期限较短，就应该将它们很快提升为 A 级。

C 级事务

如果对达到目标起的作用不大，即为不重要的事项，将其标注为 C——可以做的事。C 级事务是指价值较低的一类事务，无论这些事务多么有趣或紧急，都应该拖后处理。

C 级事务是可以推迟，但不会造成严重后果的工作。该事务中的有些工作甚至可以无限期推迟。但其他一些事务，尤其是那些有较长时间限制的事务，也会随着完成期限的临近最终转变为 A 级别或 B 级别。

2. 各级事务所占的比例及价值

不是看其在的整体中所占的百分比。总体来说，A、B、C 三级事务在事务总量中所占的比例及价值是这样的：

A 级事务约占任务和工作总量的 15%，这是你必须集中精力完成的事务。对所有达到的目标而言，它真正的价值高达 65%。

B 级事务约占事务与工作总量的 20%，你完成事务的价值也就是 20%。

C 级事务占事务总量的 65%，你完成这级事务的价值仅为 15%。

3．各级事务的时间分配原则

明确事务级别后，首先要全力以赴投入 A 级事务，直到完成或取得预期的效果后，再转入 B 级事务。如果不能完成 B 级事务，可以考虑授权。尽量少在 C 级事务上花费时间。不过请注意，C 级事务并不是可有可无的。除 A 级和 B 级事务外，工作中还有许多不太重要但又不得不做的事情，如准备工作、善后工作和日常工作等。

更要注意的是，A 级事务虽然重要，但未必就要第一时间去做，而把其他事务全抛开。这是由时间的效益性决定的。比如，你一天有很多工作，你的 A 级事务是拟一份报告，需要花大半天时间；同时还有 B 级事务和 C 级事务，比如 C 级事务是一些委派别人去做的小事，那么，在你开始起草报告之前，用几分钟时间把这些小事分配下去，被分配到任务的人相对就会有更多的时间去做了。也就是说，有些时候紧急的事务虽然不重要，但要优先处理。

任务二　编制、管理工作日志

情境导入

紧张的一天就要结束，李娜拿出周工作计划表和预约登记表，为李总编写第二天的工作日志。2017 年 5 月 12 日李总主要有以下工作：同企划部讨论公司网站的特色设计问题；接受新闻记者采访；与国外风险投资 M 基金代表谈判（具体时间由我方定）；与 W 公司总经理洽谈（具体时间由我方定）；召开公司高层会议，分析竞争对手情况并制订公司的下一步规划；批复文件。李总每天一上班首先习惯上网浏览国内外新闻，午餐在 12:30 进行，然后午休半小时，13:30 开始工作，一般在 18:00 下班，没有特殊情况的话安排照旧。编制好日志，交给李总审核通过后，李娜又与客户进一步确定谈判时间，通知相关人员参加会议。第二天上午，一切按日程安排顺利进行，下午 13:30，秘书李娜接到公司重要客户上海某公司吴总电话，说下午要到公司拜访李总，并且乘坐晚上 7:30 的飞机返回上海，请李娜做适当安排。李娜查看了一下下午的安排，拿起了电话……

任务描述

根据情境提供内容，结合时间管理的方法，合理编制李总 5 月 12 日的工作日志，并在出现突发情况后，对工作日志进行调整。

任务分析

　　秘书的日常事务之一就是做好领导的时间安排。工作日志是根据周计划表或领导授意写出的一天时间内组织领导的活动计划，对领导的一天活动做出合理的安排。秘书通常要同时填写两份日志，一份是领导的，一份是自己的。秘书不仅要负责编制工作日志，还要能正确管理工作日志，当遇到事情发生变化时，及时调整工作日志，并做好后续工作。

任务实施

Step1　了解领导工作和活动信息

　　一般来说，可以填入工作日志的领导活动主要包括以下内容：领导在单位内部需要参加的会议和活动；领导需要亲自接待的来访者；领导在单位外部需要参加的会议、活动、约会等；领导个人的私事安排。通常情况下，秘书为领导编制日志的同时，还要编制一份自己的工作日志，除陪同领导参加一些活动外，秘书还有一些自己需要处理的事务，包括：领导各项活动需要秘书协助准备的事宜，如为领导某某会议准备发言稿、编制会议议程、订机票；领导交办自己的工作，如签字仪式联系媒体等准备工作；自己职责中应做的工作，如撰写工作总结、参加值班等。

　　请根据任务情境中所给内容，罗列李总 2017 年 5 月 12 日一天的主要活动：

_____

_____

_____

_____

　　除陪同领导参加的活动外，你认为秘书李娜还要完成哪些工作？

_____

_____

_____

_____

Step2　编制并填写工作日志

　　工作日志分为手工日志和电子日志两种，为了便于管理和修改，一般先用电子日志编制，传于上司确认后再根据需要打印。编制日志时要遵循日程安排的基本要求：

　　（1）提前了解，事先同意。提前了解领导的工作和活动信息，安排的工作和活动要事先得到领导的同意。

（2）统筹兼顾，留有余地。安排日常活动既要从组织的全局出发，统一筹划，又要兼顾领导的实际情况，考虑到领导的工作习惯。时间上不要安排过于紧密，两项重要活动中间应留有 10～15 分钟的休息时间。

（3）保证效率，突出重点。日程表的安排要体现效率原则，与完成中心工作有直接联系或重要的活动，要优先安排，充分利用时间，合理分配精力，突出重点，集中精力办大事。

（4）填写完整，信息准确。信息填写要完整准确，标明各项活动的时间、地点、主要参与人等，有特殊要求的可填写在备注栏。

秘书工作日志与领导日志要相配合，与领导一起参加的活动要记录在与领导工作日志相同的时间内，秘书单独的活动，要安排在领导的空余时间，或者单独活动的时间内。

请根据任务情境中所给内容，编制李总的工作日志，准确填入相关信息。

总经理工作日志

年＿＿＿月＿＿＿日　星期＿＿＿

时　间	内　容	地　点	备　注

请根据李总的工作日志，在下面区域内编制秘书李娜的工作日志。

Step3 管理工作日志

秘书编制好工作日志，还要做好工作日志管理工作。一是要协助或提醒领导按时执行日志计划，在必要时帮助领导排除干扰；二是注意领导日程的保密，除领导和秘书外，给其他相关人员的日程表不能太详细，可以隐去一些内容，以免泄密；三是注意及时更新，当日程出现变化，应当立即更新日志，并及时告知领导。

想一想，领导工作日程除领导和秘书外，还应告知哪些人员？

_____

_____

Step4 变更工作日志

在执行日志的过程中，有时会因为预想不到的事情或合作方的原因必须改变日程安排，这时秘书要积极应对，及时更新日志。工作日志变更主要有以下几种情况：

（1）原定结束时间延长或超时。

（2）追加紧急的或新添的事项。

（3）原定事项的时间调整、变更。

（4）原定事项终止或取消。

日志变更的方法如下图：

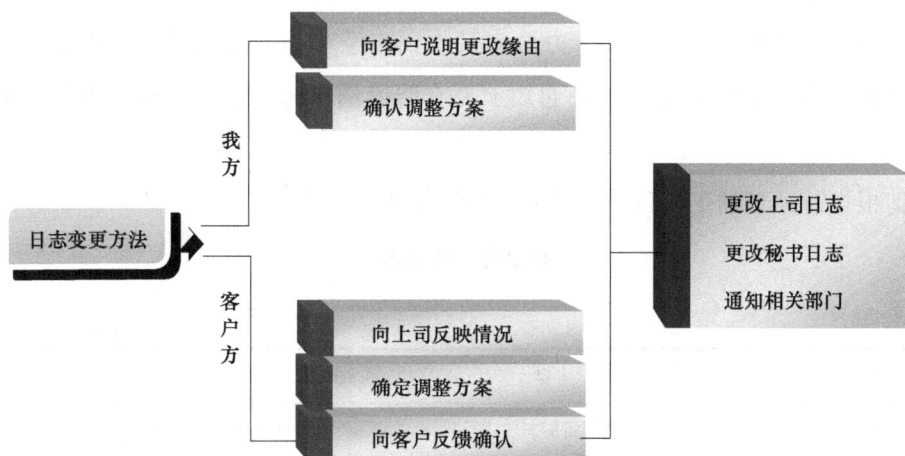

想一想，任务情境中所给出的情况属于哪一种？李娜应该将吴总约见李总的事项安排在什么地方？帮助李娜完成日志变更步骤，并在下面区域内编制更改后的工作日志。

第一步：_____

第二步：_____

第三步：_____

反馈小结

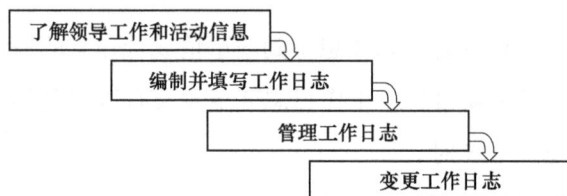

延展训练

（1）总经理下午 2:00 要和市场部共同讨论如何进行某产品在乡镇的销售工作，这项工作的成败和公司年度的销售预期能否达到有很大关联。下午 4:00 至 5:00 要和增力公司总经理商洽一笔重要的交易。当天下午，办公室又收到市经贸委的会议通知，要求总经理 3:30 到市政府开会，必须亲自参加，而且通知上没有明确结束时间。如果你是总经理秘书，该怎么做呢？

（2）请根据总经理的工作日志，编制一份秘书工作日志。

总经理工作日志

2017 年 2 月 22 日　星期三

时　间	内　容	地　点
9:15～10:15	出席宏光文化合作项目剪彩仪式	宏光文化有限公司
10:30～11:00	给参加员工培训的新员工讲话	公司第三会议室
12:30	与江海公司罗总及夫人共进午餐	淮海大饭店牡丹厅
14:00～15:00	会见王朝公司市场开发部刘经理	公司第一会客室
15:30～16:30	约公司法律顾问谈话	总经理办公室
18:30	出席员工婚礼	时代假日酒店

资料库

常用的工作日志系统

1. 工作日志管理软件系统——Milogs 网络版

Milogs 工作日志管理服务器又叫做 Milogs 网络版，是一个从 2002 年就开始开发的国产经典工作日志管理软件。管理人员可随时查看、汇总、统计、审批下属员工的工作日志，能够适用于不同行业和职务人员的要求。

可非常简单灵活地管理日程安排、项目、任务、客户、联系人、文档，以及它们之间的多种关联。不需要安装客户软件，只要能看网页就可以使用，可以根据公司的人事结构进行实际用户配置和权限配置。

使用起来简单方便，普通员工只要电脑上有浏览器即可随时记录工作日志，管理人员也可以实时掌握和审批各员工的工作情况，管理起来更加统一化，还可以在内部进行即时信息交流。可以由用户自己定义软件性质，如定义为团队工作日志软件、团队客户管理软件、团队销售管理软件、团队项目管理软件、团队日程安排软件、团队联系人（人脉）管理软件。

2. AceTeamwork 项目及团队协作管理软件

软件中的工作日志模块，具有国际领先的日志填写和审核机制，可记录和跟踪员工每天在多项目实施、非项目性工作上的工作内容（项目任务实施、发现和解决项目问题、项目任务成果）及耗费时间（正常工时和加班工时），而经过有效性审核的时间和工作内容，可以用以实现对项目时间、进度和员工工时统计。

3. 日事清工作日志管理系统

日事清工作日志管理系统是一款具有移动互联网基因的工作日志软件，可以实现在移动端和 Web 端的数据同步。通过日事清工作日志软件，领导可以看到员工每天的工作饱和度、周计划工作内容。

任务三　领导约会安排

情境导入

文秘专业的廖文到翰林文化发展公司实习，人事部经理安排她到总经理办公室跟着李娜学习，一个月下来，对总经理秘书的工作内容熟悉不少，李娜刚好要陪同张副总去上海参加一个活动，决定这一周放手让廖文锻炼锻炼。星期一下午，李总告诉廖文，他想约请虔诚公司的黄总商谈关于联合开发 A 型新产品的问题，让廖文去约请对方。廖文接到任务后，迅速和黄总的秘书周志联系，约会的事情很顺利，时间定在本周二的下午。可是周二上午，廖文接到周志的电话："黄总周二临时有急事要出差，周三下午回来，不知会谈的时间能不能推迟一点？定在周四上午可以吗？"听了这话，廖文心想：这我可不能做主，搁下电话就往总经理的办公室跑，可总经理回答是："周四上午有个定好的重要会议要参加，问问他们，周四下午方便吗？"接到指示，廖文给周志回复，周志立即说："对不起，周四下午黄总已经有个约会了，要不放在周五上午？"廖文不得不又往总经理办公室跑一趟，这样几经折腾，最后终于将时间安排在周五的下午。廖文看到总经理不高兴的样子，心里非常郁闷。周五李娜回来，廖文向李娜请教安排领导约会的方法，李娜把自己的工作经验倾囊相授，廖文终于明白自己的问题在什么地方了。

任务描述

帮助领导安排约会，当约会发生变更时，能及时进行协调，调整约会。

任务分析

约会也称约见，是指上司在事先约定的时间、地点与别人会面洽谈业务，会商工作。在现代社会中，会面应事先约定，这是讲究社交礼节、注重工作效率的表现。秘书为领导安排约会是一项常规性的工作。约会安排看上去似乎比较简单，但要使约会安排得当，需要掌握一定的技巧，把握好约会应遵循的基本原则。廖文的错误在于为领导安排约会时对领导的工作安排缺乏了解，导致其面对约会变更时，需要反复请示，几经折腾。

任务实施

Step1　了解约会安排的一般原则

一般来说，企业领导经常见面的主要有以下几类人员：领导的上级或上级的代表；本单位的重要客户；政府官员或媒体人员；与领导关系密切的下属；领导的直系亲属和关系密切的私人朋友。秘书应记住他们的个人特征和所在单位的有关情况。为领导安排约会时，应遵循以下原则：

（1）了解领导习惯，内外兼顾。领导对自己的日程安排有一定的原则，秘书在为领导安排约会时，不能随便打乱领导的常规工作，要注意配合领导的工作规律和生活习惯。为了做好约会安排，秘书在平时要做个"有心人"，在日常工作中多观察领导是如何分配时间的。例如：领导一周工作日中的哪一（些）天可以安排约会？在可为领导安排约会的那一（些）天中，哪些时间可以安排约会？领导希望一次约会一般安排多长时间？几个约会之间是否要安排休息时间？领导一般希望把约会安排在哪里？哪些人与领导的约会应优先安排？为领导安排约会还要考虑本公司的工作，一定要留出专门的时间让领导及时处理公司事务，把握本公司的发展，做到内外兼顾。

（2）分清轻重缓急，合理安排。一般来说，凡是领导主动约见的，就必须进行安排；但对方约见领导，就不一定要安排。重要且紧急的约会，安排在最近的时间；重要的或紧急的约会，稍缓安排；既不重要也不紧急的约会，适当插入领导的工作空隙中，或者取消约见。

（3）善于沟通，留有弹性。领导约会是否安排，安排在什么时间要及时与领导沟通。相近时间的约会要适当错开，不可太紧或太松。一般要在每次约见之间留出10～15分钟的机动时间。远期安排或答应的约会，时间不能太确定。届时如果情况有变更及时联络对方，更改约见时间。

（4）事先提醒，适当保密。约会确定后，秘书要注意提醒领导准时赴约，保证领导不误约、不失约。如果领导不能按事先约好的时间进行约见，秘书要设法及早通知对方。

请思考一下，哪些时间不适宜安排领导约会？

_____

_____

_____

_____

_____

Step2　掌握约会安排的方法

安排约会可以当面安排，也可以通过书面安排或电话安排，一般来说，如果约会是通过电话来联系的，应该留有书面记录，以备核查。领导主动发起的约会，要做好准备，明确告知对方约会的事项、约会的时间和地点，并以适当的方式说明是领导让安排的。如果对方接受约会的建议，要表示感谢，如果对方拒绝，要表示歉意，并及时向领导汇报；对方主动发起的约会，要了解清楚对方的信息及对方提出约会的理由并征求领导的意见，如拒绝对方，要明确拒绝的理由，并表示抱歉。

　　为领导安排约会，还要考虑一些细节问题。

　　（1）及早备妥约会所需资料，并在适当时间请领导过目。

　　（2）了解每一位与领导约会的人的姓名、地址及电话号码，以便万一取消或更改约会时可及时通知对方。

　　（3）特别重要的约会，在接近约会的时间前，应与对方再联络，以确保约会的顺利进行。如果约会地点在公司以外，在领导离开办公室前，最好打电话再确认一下。

　　（4）随时提醒领导准时赴约。可以制作约会小卡片，下班前将第二天的约会事项填进小卡片，一张交给领导，一张交给司机，一张自己保存，以供提醒。

约会小卡片

2017 年 3 月 7 日　星期二
10:00　接待扬子晚报记者，接受采访。地点：公司会客室。
14:30　与吴律师商谈租赁位于万达广场的写字楼事宜。地点：公司第一会议室。
16:00　去机场接广州云杉公司董事长周先生及其夫人。客房定在月季花园酒店。
19:00　去月季花园酒店赴晚宴（宴请 19:30 开始）。着正装，附请柬。

Step3　做好约会记录

　　为领导安排约会，要做好约会记录，主要内容包括：对方参加约会人（姓名、单位、职位等）；约会举行的时间（日期以及约会安排多长时间）；约会举行的地点；约会的议题；赴约前应做的准备；约会的约定时间、对方接洽人的姓名、身份及电话。约会记录可使用记事卡或备忘录，亦可使用工作日程表或记在台历上。比较常用的是约会日程表。

　　约会日程表是安排约会的必备之物，其内容简单清楚，便于查阅。如能恰当使用，不仅能帮助妥善安排约会，还能起到提醒备忘的作用。另外，因为约会日程表记录着领导参加的约会及去过的地方，可以澄清一些开支的来龙去脉，如旅游开支、公务开支等。

　　请将李总的约会安排填入下表。

约会日程表

约 会 事 由	约会起止时间	地　　点	对方人员名单	我方参加人员	备　　注

Step4　处理约会变更

约会一经确定后，除非万不得已，否则不应轻易改变。但约会又是约定在未来的时间内，而未来是难以预料的。无论是己方，还是对方，遇上意外情况不得不变更约会时，秘书都要做好相关工作，妥善处理。

（1）己方变更约会。当领导因故需要变更约会时，应尽快通知对方，委婉说明变更的原因，请求对方谅解，并为变更约会给对方带来的麻烦表示诚恳的歉意。和对方协调，确定更改约会时间，向领导汇报。

（2）对方变更约会。当对方因故需要变更约会时，应及时向领导汇报，根据领导意见和对方协调确定约会更改时间。

要想把领导的约会安排好，需要秘书对领导的工作日程有一个全面的了解。无论由于哪方原因需要变更约会，秘书都要及时拿出领导的工作日程安排表查看，然后根据领导的日程安排向对方提出具体的建议，新的约会安排确定后要及时变更约会安排表，并将新的安排表交到领导手中，同时通知相关人员，做好后续工作。

想一想，廖文应该怎么做？_____

_____

_____

_____

🔄 反馈小结

🔄 资料库

上司忘记了约会怎么办

由于上司工作繁忙、约会众多，难免会出现忘记约会的情况。尽管安排上司的日程和提醒约会是你工作的一部分，但有时也会出错。不管是他自己安排的约会，没有告诉你，而他又忘记了，还是已经安排在他的日程上，可他由于其他会见而耽误了，或干脆就忘得一干二净。不论是什么原因，都得由你来做出解释。你所说的一些话，可能会维持你的上司和这人的关系，也或许会中断他们的关系，而且可能会增强或损坏将来的生意往来。

如果可能，应在客人或团体到来之前取消约会。如果那样不行，就该：

（1）保持冷静。不要惊慌或发火，这会把事情搞得更糟。表示合情合理的关心，但不要从个人角度表示关心或感情用事。

（2）决不要责备你的上司。尽管你上午已经提醒了上司三次，上司还是忘了约会，也决不能在别人面前责备或批评上司。不能说，"我不知道他是怎么啦，他知道今天下午与您有约会的。"一定要做这样设想：他可能是由于其他事情没办法而耽搁了。如果你不知道原因，来访者来时他不在，你可以说，"对不起，项红小姐，孙总一定是因为上个约会而耽搁了，而且没办法打来电话。"

（3）道歉。道歉不要太过分，坦率地说："真的很抱歉，我们能再约个时间吗？"或者说："我很遗憾您从远道而来，而她看来是因为别的事情耽搁了。"

（4）建议重新安排时间。如果不能保证约会，尽量重新安排时间或承诺日后的某一天再安排。可以说："我们能重新安排在周五、15 号吗？"或："我们明天再与您联系重新约个时间好吗？"

（5）提供一个合理的理由。尽管你不知道上司为什么失约，也要找个"借口"，以免对她有不好的影响。如果是秘书打来电话，询问你的上司没在的原因，可以说："我也不太清楚，或许是飞机误点了。"或者，如果孙总因家里事情突然离开，可以说："项红小姐，很抱歉，因为孙总家里突然有急事，今天不能见你，能另约个时间吗？"

（6）想办法补救。要么找另外一个人替你的上司，或者如果她可以在最后时刻决定不去赴外面的约会，恰当的话，看看能否在办公室里找另外一个人替他去赴约会。如果没有其他人可以代替，也要想办法补救。比如，假如客人到了办公室，你可以说，"我很抱歉，孙总不能和你见面，他能否下周去见你？"或者说："张先生，很抱歉失约。他让我把我们的产品样品给您，并说在你合适的时候，他会用电话与你联系再约时间。"如果此时你不能帮什么忙，可考虑写卡片或短信附上一件小礼物，并由你上司签名。

失约总不是件好事，但它总会发生的，一旦发生，你的交际技巧和交际能力就可能挽救一切，至少应该挽救你上司的声誉。

任务四　领导差旅安排

情境导入

公司行政会议讨论了近期工作安排。李总 4 月 30 日到北京参加在北京大学举办的企业家论坛，论坛持续 1 天，5 月 1 日下午与北京皇明公司（海淀区 38 号）潘总商洽合作事宜，晚上参加皇明公司的宴请。5 月 2 日走访信息产业科技情报处（西长安街 13 号），了解下季度的相关信息，拜会北京山水低压电器公司（华融大厦）领导，进一步洽谈 A 产品合作事宜，争取签订正式的合作协议，5 月 3 日返回。期间，李总还想到公司驻京办事处（海淀区 126 号），听取驻京人员下半年的打算，做些沟通。李总要求李娜做好出差旅行安排。

任务描述

　　为李总安排商务旅行的相关事项，预订票务和住宿地点，制订旅行计划表和旅行日程安排表，并准备旅行所需的文件和用品。

任务分析

　　作为公司领导，总经理不仅要管理公司内部事务，还要经常在国内外参加各种会议、进行商务谈判、开展项目考察等，因此总经理秘书要为领导做好相关准备和安排，并在需要时与相关单位人员进行协调和沟通，保障总经理能顺利完成商务活动的任务。秘书在为领导做旅行安排时，必须了解旅行的目的、主要事项，并对公司差旅费用、交通、食宿等级标准等有关规定及程序清楚明了，这样才能准确做好旅行计划，合理安排行程。

任务实施

Step1　明确商务旅行的目的和主要内容

　　领导出差有不同的任务，如参加会议、实地考察、参观访问、业务洽谈等，秘书在为领导做旅行安排时，必须向领导了解清楚旅行的目的、任务和要求，然后才能着手制订旅行计划。当秘书得知近期领导有商务旅行的安排后，主要应了解以下几个方面：

　　（1）旅行目的。不同的旅行目的，需要准备的资料也不一样，有时还影响衣着的选择。有时领导旅行目的不止一个，要学会统筹安排，抓住重点。

　　本次李总出差的主要目的是什么？_____

_____

　　（2）目的地。一次商务旅行可能要到不同的城市，在一座城市也会到不同的地方活动，特别是公务考察，为了使考察的结果更精确，往往需要走访很多地方。秘书要弄清领导要到达的地方，越详细、准确越好。

　　本次李总要到达哪些地方？_____

（3）时间。时间包括启程时间、路途所需时间、抵达时间、各项活动时间、返程时间等，恰当安排时间是旅行顺利的保障，也是秘书预订票务和安排接送的依据。

在下面区域内，列表标示李总此次出差主要的时间节点。

（4）人员及事务安排。明确参加商务旅行活动的人员及其主要任务，对公务活动的内容及性质、有关单位的联络方式等也应有较详细的了解，以便提前做好准备工作。

Step2　拟订旅行计划

拟订计划前首先要对本公司差旅费用、交通、食宿等级标准等有关规定及程序清楚明了，和领导沟通，了解领导对交通工具和食宿的要求，要考虑到领导的身体状况，时间上留有余地，可以多拟订几个旅行方案供领导参考，最后选定最佳方案。一份周密详细的旅行计划主要从以下几方面进行考虑：

（1）时间。一是指旅行出发、返回的时间，包括因商务活动需要到两个或两个以上地点的抵离时间和中转时间；二是指旅行过程中各项活动的时间；三是指旅行期间就餐、休息时间。

（2）地点。一是指旅行抵达的目的地（包括中转地），目的地名称既可详写（即哪个地区、哪个公司），也可略写（即直接写到达的公司名称）；二是指旅行过程中开展各项活动的地点；三是指食宿地点。

（3）交通工具。一是指出发、返回的交通工具；二是指商务活动中使用的交通工具。这要求秘书了解这方面知识，如能识别火车种类等。

（4）具体事项。一是指商务活动内容，如访问、洽谈、会议、宴请、娱乐活动等；二是指私人事务活动。

（5）备注。记载提醒上司注意的事项，诸如抵达目的地需要中转的中转站名称、休息时间、飞机起飞时间，或需要中转时转机机场名称、时间，为旅客提供的特殊服务，或开展活动要注意携带哪些有关文件材料，就餐时应该遵守对方民族习惯等。

请在下面区域为李总拟订一份旅行计划表。

Step3　预订票务

（1）选择交通工具。旅行计划确定后，要根据领导的需要选择交通工具，预订票务。安排交通工具时要注意时间、费用、安全度、舒适度等，具体要考虑以下几个方面：一是旅行目的地，包括出发地和到达地；二是合适的启程时间；三是是否需要中转，合适的中途停留地、到达与出发的时间；四是本单位对出差待遇的规定，如不同级别人员出差时可以选用的交通工具及座位等级；五是领导的习惯和喜好。

上网查找本地到北京的主要交通工具时刻表（飞机航班、火车车次、汽车、轮船班次等），列表填写在下面区域内，为李总选择合适的交通工具并说明选择理由。

（2）订票。可以直接到车站、机场及售票点等直接购买，也可通过电话或网上预订。任何一种方式，在提出要求并支付费用后，都要获得对方确认，最好是书面形式的确认，以备待查。

（3）取票。秘书人员在拿到所订票后，要仔细核对预订时所提要求，着重核对航班号或火车班次是否正确、出发时间是否准确、起止地点是否无误、机票或火车票上姓名是否准确、票据是否完整无缺、是否盖有公章。

Step4　安排旅行住宿

（1）选择住宿地点。选择住宿地点主要考虑以下因素：一是交通方便。靠近领导的目的地，并且有方便的交通。二是费用经济。宾馆和房间的等级既要符合公司的住宿标准，又要避免铺张浪费。三是食宿配套，环境清洁。四是住宿安全。预订时要充分了解住宿地的条件和设施，以保证领导的人身和财产安全。

（2）预订宾馆房间。可以通过旅行社预订、网络预订、电话预订，也可以通过当地与我方有合作关系的公司预订。预订时要提供住宿者姓名、抵达与退房时间、房间类型及特殊要求。订房后要加以确认。

Step5　做好出行前的准备工作

领导出差前，秘书还要做好一系列准备工作。

（1）收集目的地的背景资料。如当地的天气情况、交通情况、主要风俗禁忌等。

（2）准备相关资料、物品。秘书需要为领导准备好相应的文件资料与有关物品，可将文件及物品按公用与私用分别列出清单，请上司过目，以免遗漏。请在下表中填写为李总出差准备的资料和物品。

差旅用品一览表

商务活动文件资料	差旅相关资料	办 公 用 品	个 人 物 品

（3）预支差旅费。差旅费包括往返及当地交通费、住宿费、餐费及其他可能的活动经费。秘书要明确各种支出的事项及标准，提前做出费用预算。预支差旅费要执行公司相关财务规定，填写申请单，由领导批准后向财务部门预支，回来后再分项报销。支付差旅费采用现金、旅行支票、信用卡等方式都可以。到经济发达的大城市，可以少带现金，用信用卡、支票更安全方便。如果是出国旅行，还要提前兑换外币。

Step6　编制旅行日程表

　　旅行计划得到领导认可，安排完订房、订票的工作及资料准备工作后，就要着手编制旅行日程表了。旅程表根据旅行计划和领导的要求编制，一般比旅行计划更为详尽，秘书要将每日的日程表打印并按时间顺序编号，供领导使用。一份周密的旅程表应包括时间和日程安排事项，其中，时间应标注清楚日期（某月、某日、星期几）；日程安排事项中除活动内容外，还要写清楚参与活动的人员、具体地点、交通工具的班次、需要准备的材料等。

　　请将李总的日程安排填入下表中。

李总旅行日程表

淮安——北京　2017 年 4 月 29 日～5 月 3 日

时　　间	日　程　安　排
4 月 29 日（星期六）	
4 月 30 日（星期日） 上午 9:00 中午 12:00 下午 14:00 下午 18:00	北京大学经济学院 307 报告厅　参加企业家论坛 北京大学康博斯餐厅　中饭 北京大学经济学院 307 报告厅　参加企业家论坛 北京大学燕园餐厅　晚宴
5 月 1 日（星期一）	
5 月 2 日（星期二）	
5 月 3 日（星期三）	

Step7　跟踪协调领导商务旅行活动

当总经理开始商务旅行时，秘书无论是否随同，都要协调好相关事务。领导动身之前，秘书要仔细检查相关材料和物品，以免遗漏，并安排好送站的车，把领导送上火车或飞机之后，就要立即用电话通知对方接站的时间。启程以后，如秘书随同领导一起，要做好服务工作，办理各项手续，在每天晚上和领导再次确认第二天日程安排。陪同领导参加活动时，要携带好相关资料，并注意自己的仪容仪表和礼仪。如未随同领导出差，则要对照旅行计划和旅行日程表中的信息进行同步跟踪，当领导在外地有任何工作需求时尽快协调解决。领导出差回来时，秘书要安排好接站，并及时向领导汇报出差期间的公司主要工作。

Step8　报销差旅费用

领导商务旅行归来，秘书要为领导报销差旅费用。李娜将李总车票、住宿费等原始票据列出来，首先检查票据是否完好，内容填写是否规范，印章是否齐全，检查无误后填好报销单，并将单据粘贴在报销单后，请主管领导审批，送财务部门报销。财务部经理审核了所有的票据，核对了票据金额和报销单上的金额。李娜又将李总出差所余现金交给财务人员，将之前预支的借条拿回销毁。

旅差费报销单

部门：　　　　　　　　　　　　　填报日期　　　　　　　　　　　　　　年　　月　　日

姓名			出差事由				出差日期	自　年 月 日 至　年 月 日		共　　天	
起讫时间及地点					车船费		夜间乘车补助费			出差补助费	
月	日	起	月	日	讫	类别	金额	时间	标准	金额	日数

旅差费报销单（续）

起讫时间及地点						车船费		夜间乘车补助费			出差补助费			住宿费			其他	
月	日	起	月	日	讫	类别	金额	时间	标准	金额	日数	标准	金额	日数	标准	金额	摘要	金额
								小时	%									
								小时	%									
								小时	%									
								小时	%									
								小时	%									
								小时	%									
小　计																		

附单据共　　张

共计金额（大写）	仟　佰　拾　元　角　分	预支_____核销_____退补

主管　　　　　部门　　　　　审核　　　　　填报人

反馈小结

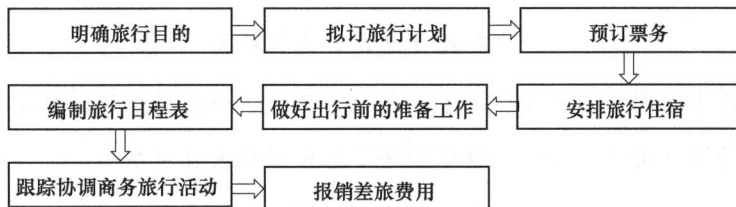

延展训练

总经理秘书李娜因事请假一周，公司安排秘书初萌暂时接替李娜位置。周一一上班，李总就告知初萌本周自己要出差到广州和深圳，让初萌拟订一份旅行计划给他过目，并做好出差前的准备工作。初萌拟订计划如下：

李总商务旅行计划书

3月5日：李总乘飞机到广州，联系一家四星级酒店。

3月6日：拜会广州万福文化发展公司领导，商谈新产品合作事宜。到公司驻广州办事处商议下一阶段工作。

3月7日：乘高铁到深圳，参加下午的企业家沙龙，晚上宴请重要合作伙伴深圳千秋图文公司领导。联系一家四星级酒店。

3月8日：乘飞机返回。

准备物品有名片、文件、合同样本、相机。

李总看完计划书后，皱着眉头问："这叫计划书吗？这种计划还用你安排？"初萌的脸一阵阵红了起来。李总又问："现在广州那边天气怎么样？要穿什么衣服？"初萌说："反正比我们这边气温高，估计穿个毛衣差不多吧。我一会去网上查一查，给您准备一份广州、深圳一周天气预报。"李总又问有没有新的名片，他准备带一盒完整的名片出去。初萌暗暗叫苦，印刷好的名片只剩下一些散的，本来以为带上二三十张就够了。于是赶紧通知行政部紧急印刷。

（1）秘书初萌在领导差旅安排上有哪些不到之处？

（2）请帮助初萌重新拟订一份商务旅行计划书。

🔄 资料库

<h3 style="text-align:center">如何办理领导因公出国事务</h3>

秘书协助领导办理因公出国事务，主要包括办理出国所需的证件，办理出境手续，协助领导准备相关公务活动文件、资料，提醒领导了解出国相关注意事项。

1. 办理出国相关证件

（1）出国申请

出国申请主要填写出国申请表，填写清楚出国事由、出国路线（包括外国公司所在国的名称）、出国日程安排（包括出国时间、在国外的活动、回国时间等）、出国组团人数等。

在申请表正文后要附上外国组织所发的邀请函及出国人员名单，写清楚出国人员姓名、年龄、性别、职务等基本事项。申请须送上级主管部门批准。

（2）办理护照

护照是各主权国家给本国公民因出入本国国境及在外旅游或居留时证明该公民国籍与合法身份的证件。凡出国人员均应持有本国政府颁发的护照。

在获得上级主管部门的出国任务批件后，秘书应抓紧时间为领导办理护照。办理护照时，要带齐有关证件，如出国任务批件、领导的政审批件、所去国有关组织的邀请函等；准备好2寸免冠半身照片；填写有关卡片和申请表等资料，办理完毕后，仔细检查所填项目是否有误。拿到护照后，要认真检查姓名、出生年月、性别、身份等内容。

（3）办理签证

签证是一个主权国家在外国公民所持的护照或其他旅行证件上的签注、盖印，以表示允许其出入本国国境或者经过国境的证明。若把护照看成是身份证，签证就是出入证。我国的签证一般在护照上。办理签证有时要花费较多时间，所以要在时间上留有余地，尽量提前办理，抓紧每一个环节。签证办理好，秘书要注意核查签证有效期及证明单位是否签章，注意持有人的姓名的拼音、签证种类是否正确。

（4）办理《国际预防接种证书》

《国际预防接种证书》（International Certificate of Vaccination），俗称"黄皮书"。它是国际卫生组织为了保障出入国境人员的人身健康，防止某些疾病传染流行所要求的证明。在办理完护照、签证以后，出国人员持单位介绍信到所在地的卫生检疫部门进行检疫和预防接种，接种的疫苗根据所去国家的不同及疫情的变化有所不同。检疫和接种后，领取黄皮书。要认真检查，看姓名等内容是否与护照一致，检疫机关的盖章、医生的签字是否清晰，已经接种的疫苗是否记录在案。

2. 其他相关事宜

（1）兑换外币

要根据国家规定的数额兑换外币，可到中国银行或其他银行网点兑换。海关对携带数量有规定，出国旅行最好使用信用卡或支票，带少量现金备零用。

（2）掌握时差换算

秘书要清楚各国之间的时差转换方法，在领导的旅行日程表上注明北京时间和当地时间，将会给领导工作带来很大方便。

（3）了解托运常识

乘飞机出国，行李携带方面有一定要求，通常情况下，乘坐国际航线时，经济舱旅客的免费托运行李限额为 20 公斤，公务舱免费托运行李限额为 30 公斤，头等舱免费托运行李限额为 40 公斤。部分航空公司有特殊的重量限制规定及行李尺寸的规定，秘书应在预订机票后了解清楚行李托运和携带等方面的要求，及时告知领导做好准备。

（4）了解目的地的背景资料

领导出国前要对所到国的文化、风俗、礼仪、经济、经营管理、语言、政治、历史、地理等基本国情有所了解，对该国政策变动情况的了解也是相当重要的。秘书应做好充足的准备，并整理好资料备用。

（5）准备适当的礼物

国际商务交流活动中不必送太过贵重的礼品，但是如果能准备一些有公司代表意义的小礼物，或者是有中国特色的小手工制品作为礼物，有助于商务活动的顺利进行。

考 证 通 道

要点指导

要求学习者掌握时间管理的基本方法和工作日志的编写方法；能够编制工作时间表，并根据上司要求安排约会和商务旅行，并管理好上司和自己的工作日志。

1．五级秘书

（1）时间管理的基本方法。

（2）工作日志的编写方法。

2．四级秘书

（1）能够编制工作时间表。

（2）能够管理自己的工作日志。

（3）能够根据上司要求安排并管理上司的工作日志。

模拟习题

1．选择题

（1）（　　）是秘书协助上司通过与各方协商，对自己和上司的一天活动做出合理安排，并予以实施的辅助工具。

　　A．周计划表　　　　　　　　　　B．工作日志

　　C．时间表　　　　　　　　　　　D．商务通

（2）下列表述不正确的选项是（　　）。

　　A．为上司制定工作日志应熟悉上司的偏好与工作规律

　　B．要保持两本工作日志信息的一致

　　C．工作日志只给上司查阅

　　D．秘书是上司工作时间的"警察"

（3）秘书的工作是繁杂的，总会感到时间不够用，为解决这一问题，秘书可以用 ABCD 法把工作分出等级。ABCD 法是按（　　）来划分工作等级的。

　　A．紧急程度和事件种类　　　　　B．紧急程度和重要程度

　　C．重要程度和事件种类　　　　　D．事件种类和时间长短

（4）从保密角度考虑，详细的领导日程安排表一般不给（　　）。

　　A．领导本人　　　　　　　　　　B．秘书科长

　　C．其他领导　　　　　　　　　　D．司机

（5）日程安排工作要求突出重点，ABCD 法则中的 C 指的是（　　）。

　　A．重要不紧急　　　　　　　　　B．紧急不重要

　　C．重要而紧急　　　　　　　　　D．不重要不紧急

（6）有关安排约会正确的说法是（　　　）。

    A．安排多个约会时间要紧凑，分秒不浪费

    B．远期约会也要确定精准时间

    C．给司机和科室的约会安排表要粗略些

    D．秘书给上司制定约会安排表时可以用只有自己才懂的符号，有利于保密

（7）关于日程安排说法正确的是（　　　）。

    A．日程表编写要用说明、议论等方式，详细精准

    B．月计划安排要满一点，不留空余时间

    C．处理完的事情就不需要在日程表里记录注明了

    D．安排日程表时事情不论大小都要请领导审核

（8）秘书在安排上级的活动时应做到（　　　）。

    A．统筹　　　　　B．预报　　　　　　C．反复调整　　　D．适度

（9）一份周密的商务旅程表主要包括（　　　）等内容。

    A．交通时间　　　B．地点　　　　　　C．具体时间　　　D．事项

（10）支付差旅费采用（　　　）等方式都可以。

    A．现金　　　　　B．信用卡　　　　　C．旅行支票　　　D．银行汇票

2. 实务题

便　　条

钟苗：

　　明天李总有如下工作：参加经理主管例会、参加新员工培训开课仪式、约见地区管理员、审查员工鉴定录像、与山水公司王总洽谈合作事宜并共进午餐、参加高尔夫俱乐部烛光晚餐。

　　请你为李总制做好工作日志，下午 5:00 前交给我。

行政经理　苏明

2017 年 3 月 25 日

课堂项目实训

◎ 实训内容

　　飞云创意公司位于上海浦东新区，该公司赵东总经理 4 月 2 日要到广州中山大学参加全

国新创意论坛，时间为一天。4月4日下午参加广州全有电器举行的新产品推广会，晚上有一个盛大的海滨PARTY。考虑到论坛和推广会之间尚有一定的空隙，赵总有意在此期间拜会广东依顺公司领导，进一步洽谈A产品合作事宜，争取签订正式的合作协议；还要到公司驻广州办事处，做些沟通。

（1）查询上海去广州的路线，主要交通工具的班次、时间、价钱等，设计恰当的出行方案并说明原因。

（2）查询宾馆的价格，预订合适的客房，并写出预订客房的程序。

（3）制订旅行日程表。

上交作业

（1）人员分工表1份。

（2）主要交通工具的班次、时间、价格表。

（3）制定出行方案并说明原因。

（4）预订的宾馆地址、电话、价格、预订程序。

（5）旅行日程表。

实训要求

（1）分组进行，分工合作，当堂完成任务。

（2）作业格式要统一规范，表述清楚。

评分标准

（1）文字材料60%+实训态度20%+小组协作情况20%。

项　目	分值比例	评分要点
文字材料	60%	格式正确，结构完整，内容表述清楚，条理清晰，排版规范
实训态度	20%	工作主动，积极参与
小组协作情况	20%	组内优化方案质量高，团队合作精神好，合作能力强

（2）教师60%+小组互评20%+自评20%。

项目 三

办公室用品管理

项目导学

项目描述

随着业务的发展和员工的增多，翰林文化发展公司所需办公用品的数量和种类也不断增加，原有的库存量和管理模式已经不能满足公司发展的需求，为保证公司的顺利运作，公司要求行政部尽快订购短缺的办公用品，同时完善办公用品管理制度，以保证办公用品的正常供应。

项目任务

任务一　办公用品订购

任务二　办公用品与设备管理

学习目标

知识目标：了解办公用品的种类；掌握办公用品的采购程序；掌握办公用品库存控制的基本概念和程序；掌握办公用品的发放程序。

能力目标：能够根据企业制度和部门实际需求，制定部门办公用品预算；能够按程序订购办公用品；能够按相关规定和程序管理办公用品。

情感目标：能够与上司及部门其他人员很好地沟通与协调；有主动、热情、耐心的服务态度。

任务一 办公用品订购

情境导入

接到采购任务后，行政部主任高叶立即让负责办公用品采购的秘书初萌根据公司目前发展的需要重新计算各类办公用品的最大、最小库存量和再订货量，并检查现有库存，统计各类办公用品的短缺情况。经统计，初萌发现公司的纸簿类、笔尺类、装订类、归档用品类以及办公设备耗材类办公用品均出现了不同程度的库存不足，有的甚至已经低于最小库存量。

任务描述

主任要求初萌制作物品采购单，并编制预算，订购办公用品。

任务分析

办公用品是指单位日常工作中使用的各种文具、耗材、工具等常用物品，是日常工作的必需品，用量大、更换频繁、品种繁多。办公用品管理是秘书工作内容之一，秘书要密切注意库存情况，根据企业制度和实际需求，制订办公用品的预算，按程序订购办公用品。

任务实施

Step1 统计办公用品需求

常见办公用品分类如下：

（1）纸簿类：复印纸、打印纸、传真纸、便条纸、标签纸、复写纸、信封、信纸、笔记本、速记本、记事簿、活页簿、各类财务纸品等。

（2）笔尺类：各类笔、尺子、橡皮、修正液、修正带、笔筒、笔座、削笔器、写字板等。

（3）装订类：打孔机、订书机、剪刀、裁纸刀、起钉器、胶带/双面胶、胶水/胶棒、三针一钉等。

（4）归档用品：文件筐、档案盒、档案袋、书立、文稿架、名片盒、名片册、资料册、报刊架、票据夹、板夹、燕尾夹、弹簧夹、抽杆夹、打孔夹、文件套、拉链袋、按扣袋等。

（5）办公设备耗材：各种原装以及品牌硒鼓、墨盒、打印机填充墨水、软盘、刻录盘、鼠标、键盘、电脑清洁用品等。

据统计，翰林文化发展公司需订购 A4 复印纸 50 箱、笔记本 200 本、写字板 6 个、签字笔 30 支、订书钉 50 盒、中号燕尾夹 30 盒、纸质档案袋 150 个、文件筐 25 个、硒鼓 10 个、刻录盘 5 个。

请帮助初萌制作办公用品采购清单。

办公用品（设备）采购清单

Step2　编制办公用品预算表

编制办公用品预算要本着"保证工作，节约开支"的原则，在对各办公用品进行调研比价的基础上进行。选择办公用品时不要一味追求高档豪华，而要根据单位的实际工作需要选配合适的办公用品。

请帮初萌编制办公用品购置预算表。

办公用品（设备）预算表

Step3　填写办公用品申购单

由需要购置办公用品的部门（或个人）填写办公用品申购表。申购表内容一般包括申购部门、申购人、申购日期、申购原因、申购物品的名称、库存数量、可用时间、本次申购数量、部门意见、财务部门意见、主管领导意见等内容。申购表需由领导签字审核。

请帮助初萌填写办公用品申购表。

办公用品（设备）申购表

申购部门			申购人		申购日期	
申购原因						
设备（用品）名称			库存数量	可用时间/周	本次申购数量	备注
设备（用品）名称			库存数量	可用时间/周	本次申购数量	备注

部门意见：

签字：

财务部门意见：

签字：

主管领导意见：

审核人：

年　　月　　日

Step4 订购办公用品

由采购人员向供应商发出购买需求信息，各供应商提供报价单或估价单，采购人员对报价单进行比较、筛选后，填写正式订货单并签字，发送给选定的供应商。订货单需要公司高级主管签字批准，同时要复制一份给会计部门，表示开始购货，准备付款。

你认为初萌应该怎样选择办公用品或设备供应商？

_____

_____

_____

_____

办公设备和易耗品的订购方式通常有直接购买、电话订购、传真订购、网上订购四种方式。四种订购方式各有什么优点？无论采用哪种订购方式，都应该注意什么？

_____

_____

_____

_____

Step5 办理进货手续

当收到供应商的货物后，采购人员首先要对照供应商的交货单和自己的订货单检查货物，如发现问题，应立即联系供应商；如没有问题，就将签收的交货单送交会计部门。接着根据收到的货物填写入库单，并将接收的每一类货物的详情填入到办公用品库存卡的接收项中，同时更新库存记录卡上的库存余额。最后将货物按存储规定存放好，由库房保管人员签字表示货物进库。

请帮初萌填写入库清单。

入库清单

入库时间：

项 目 物 品	规 格	单 位	数 量	单 价	金 额

（续）

项　目 物　品	规　格	单　位	数　量	单　价	金　额

制表人：　　　　　　　　　　　　　　　　制表时间：

Step6　支付货款

会计部门收到发票后，对照交货单、入库单和订购单，三单货名、数字应相符，经财务主管签字批准后支付现金或支票。

反馈小结

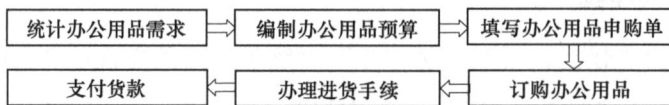

延展训练

根据办公用品采购的相关知识，补全下面这份《办公用品采购管理办法》的内容。

翰林文化发展公司办公用品采购管理办法

为加强对物资采购的管理，进一步规范公司办公用品采购工作，提高采购工作的效益，切实推进公司的党风廉政建设，根据我公司实际，现制定本规定。

第一条　办公用品购买原则

_____

_____

第二条　办公用品订购方式

小型或零星办公用品的采购_____

_____

大型物品的采购＿＿＿＿＿＿＿＿＿＿＿＿＿＿＿＿＿＿＿＿＿＿＿＿＿＿＿＿＿＿＿＿＿

（1）购单件或批量在5万元以上的物品（低值易耗品除外），应采取招标采购。凡进行公开招标和邀请招标的，应成立专项采购工作小组，依法组织实施招投标。

（2）凡采用竞争谈判或询价方式的，要组成有申购单位负责人参加的谈判小组或询价小组，在进行市场调研、多方比较的基础上，经集体讨论提出意见，并根据权限由相应的组织或负责人予以确定。

（3）凡采用单一来源采购方式（包括定点采购）的，应遵循公开、公平、择优的原则，按照权限由主管部门与申购单位共同确定供应商。

第三条　办公物品采购过程

在办公用品库存不多或者有关部门提出特殊需求的情况下，按照成本最小原则进行订购。

（1）验货

＿＿＿

＿＿＿

＿＿＿

（2）付款

采购员收到供货单位发票后，须查验订货单位合同，核对所记载的发票内容并在发票背面签字认可后，携验收入库单结算发票以及开列的支付传票，交主管部门负责人审核签字后，做好登记，做到账、卡、物一致，最后交财务处负责支付或结算。记账联由记账员做记账凭证并归档。

（3）分发

＿＿＿

＿＿＿

＿＿＿

（4）保管

办公用品进仓入库后，仓库管理员按物品种类、规格、等级、存放次序分区堆码，不得混乱堆放，并由记账员按送货单序号和货单内容在办公用品收发存账册上进行登录。仓库管理员必须清楚地掌握办公用品库存情况，经常整理与清扫，必要时要实行防虫等保全措施。

第四条　办公物品采购纪律

（1）参与物品采购的单位和工作人员，不准参加可能影响公平竞争的任何活动；不准收取供货方任何名目的"中介费""好处费"；不准在供货方报销任何应由个人支付的费用；

不准损害公司利益，徇私舞弊，为对方谋取不正当利益。

（2）物品采购过程中发生的"折扣""让利"等款项，应首先用于降低采购价格；确属难以用于降低采购价格的，一律进入公司财务账内，不得由部门坐收坐支，不得提成给经办人员。

（3）对违反规定的行为，应追究有关责任人纪律责任，由此造成的损失由责任人赔偿，并按公司规定惩处。

本规定从公布之日起执行。

翰林文化发展公司（公章）

2016 年 3 月 12 日

资料库

编制预算的方法

根据不同的预算项目，预算可以分别采用相应方法进行编制，主要方法有：

1. 固定预算

固定预算又称静态预算，是以预算期内正常的、可实现的某一业务量水平为基础来编制的预算。

特点：用这个方法做出来的预算，一般情况下金额都不变，适用于固定费用或者数额比较稳定的预算项目。

2. 弹性预算

弹性预算是指在按照成本（费用）习惯性分类的基础上，根据量、本、利之间的依存关系，考虑到计划期间内业务量可能发生变动，编制出一套适应多种业务量的费用预算。

特点：能反映不同的业务情况下所应支付的费用水平，具有较大的弹性，因而弥补了固定预算的缺陷。

3. 增量预算

增量预算是在上期成本费用的基础上根据预计的业务情况，再结合管理需求，调整有关费用项目。

4. 零基预算

零基预算，简单地讲就是一切从零开始，不考虑以前发生的费用项目及其金额，从实际需要逐项审议预算期内各项费用的内容及开支标准是否合理，在综合平衡的基础上编制费用预算。

（1）零基预算的优点

① 合理、有效地进行资源分配。

② 有助于企业内部的沟通、协调，调动各基层单位参与预算的积极性和主动性。

③ 目标明确，可以区别方案的轻重缓急。

④ 有助于提高管理人员的投入产出意识。

⑤ 特别适用于产出较难辨认的服务性部门，克服资金浪费的缺点。

（2）零基预算的缺点

① 业绩差的经理人员会认为零基预算是对他的一种威胁，因此拒绝接受。

② 工作量较大，费用较昂贵。

③ 评级和资源分配具有主观性，易于引起部门间的矛盾。

④ 易于引起人们注重短期利益而忽视企业长期利益。

（3）零基预算的基本做法

① 划分基层预算单位。

② 对基层预算单位的业务活动提出计划，说明每项活动计划的目的性以及需要开支的费用。

③ 由基层预算单位对本身的业务活动做具体分析，并提出"一揽子业务方案"。

（4）零基预算编制须明确的事项

① 确定计划期内应该发生费用的项目及其金额。

② 划分不可避免费用项目与可避免费用项目。

③ 确定费用项目发生的时间，是当期必须支付还是可以延期。

5. 定期预算与滚动预算

定期预算是以不变的会计期间作为预算期。多数情况下该期间为一年，并与会计期间相对应。

滚动预算是指在编制预算时，将预算期与会计期间脱离，随着预算的执行不断补充预算，逐期向后滚动，使预算期间始终保持在一个固定的长度（一般为 12 个月）。

（1）滚动预算的优点

能使企业管理人员对未来一年的经营活动进行持续不断的计划，并在预算中经常保持一个稳定的视野，而不至于等到原有预算执行快结束时，仓促编制新预算，从而有利于保证企业的经营管理工作能稳定而有序地进行。

（2）滚动预算的缺点

① 预算期较长，因而难于预测未来预算期的某些活动，从而给预算的执行带来种种困难。

② 事先预见到的某些活动，在预算执行过程中往往会有所变动，而原有预算却未能及时调整，从而使原有预算显得不相适应。

③ 受预算期的限制使管理人员的决策视野局限于剩余的预算期间的活动，缺乏长远的打算，不利于企业长期稳定有序发展。

任务二　办公用品与设备管理

🌀 情境导入

工作中，初萌发现每天都有员工来向她索取办公用品，有的员工甚至三天两头向她索要同一种办公用品，于是主任要求初萌对办公用品管理的工作方法和流程进行重新梳理，以规范办公用品领取的程序和手续，杜绝浪费。

🌀 任务描述

初萌需要加强办公用品的规范化管理，完善办公用品管理制度，以监督和规范办公用品的使用。

🌀 任务分析

办公用品的规范化管理主要包括两个方面：一是办公用品的库存管理，秘书要密切注意库存情况，根据企业制度和实际需求，有效控制库存，保管好库存物品；二是办公用品的发放管理，发放要有合理的程序和手续，对发放了什么物品，发放给了谁，哪些物品还存储在库里等要做好记录。

🌀 任务实施

Step1　建立库存记录

企业在运营中，所需要的办公用品、消耗品、小型办公设备应当备足，但又不能占用大面积的库房和积压大量的存货，因此，需要建立库存记录，进行库存控制和管理。库存记录可以用手工记录在一连串的库存记录卡片上，也可以在计算机中使用库存控制软件包、电子表格或数据库。无论使用什么系统，都记录同样的信息。

库存记录卡上的内容主要有：

（1）项目：库存项目应准确描述，包括大小、颜色和数量，如 A4 白文件纸。

（2）单位：货物订购、存储和发放的单位，如令、盒、包等。

（3）库存参考号：给每一库存项编号，经常与存放位置相联系，如"C4"表示柜子编号是 C，架板编号是 4。

（4）最大库存量：是指为防止物品超量存储而保存该项物品的最大数量。这个数字要考虑到费用、存储空间和保存期限。

（5）再订货量：是提醒购买者库存需要重新订购的标准。当库存余额达到这个水平时，必须订购新物品以达到最大库存量。这个数字由物品的平均使用量、物品交货的时间长短决定，计算公式为：再订货量=日用量×运送时间+最小库存量。

（6）最小库存量：是以防物品全部被消耗完而保存的该项物品的最小数量。当库存余额达到这个水平时，必须采取紧急行动，检查是否已经订货，并与供应商联系，确定可以接受的交货时间。紧急时有必要向供应商紧急订购，以保证货物在最短时间内交货。

（7）日期：必须记录接收和发放物品的日期。

（8）接收：记录所有接收信息，包括发票号和供应商的名字。在一些记录卡片上，供应商的名字记录在卡片的前头，在这些情况下，物品的库存参考号可能是供应商的目录号。

（9）发放：记录清楚发放物品的数量、所发放物品的申请号和物品发给的个人（部门）。

（10）余额：在每一次处理后计算物品库存余额。接收物品时在余额上加上接收的数量，发放物品时将从余额中减去发放的数量。余额应该代表库存物品的实际数量，并用于执行库存检查。发现差异时要通知和报告给管理人员。

库存记录卡

库存参考号				最大库存量		
项目				最小库存量		
单位				再订货量		
日　　期	接　　收			发　　放		
	接收数量	发票号	供应商	发放数量	申请号	领用人	余额

库存管理关键是要把好进货关和出货关，进出货时秘书人员怎样做好库存记录？

_____

_____

_____

Step2　办公用品发放

办公用品发放首先由领取人填写领用申请表，申请表必须有部门领导的签字，接着秘书根据申请表中注明的名称和数量发放办公用品。物品发放后，及时更新库存记录，记下新的余额，以便能够及时掌握物品的供应状况。另外，分发了什么办公用品，发给了谁，秘书都要留一张清单备案。备案清单包括领用物品的时间、物品名称、数量、领用人等，在发放时应要求领用人签字。

办公物品领用申请表

申请部门：　　　　　　　　　　　　　　　　　　　　　　　　　编号：

领用物品名称	数　　量	备　　注
领用人：	主管审核：	发放人：
日期：	日期：	日期：

对于办公物品的发放，你还有什么好的建议？

_____

_____

_____

_____

Step3　库存保管

办公用品和设备进库后，必须保存在安全的地方并有序摆放，以防物品损坏、浪费或失窃，还要消除事故和火灾隐患。

为了保证安全，减少损失，库存保管时要做到：

（1）储藏间或物品柜要上锁，保证安全，减少损失。

（2）体积大、分量重的物品放置在最下面，以减少从架子上取物时发生事故的危险。

（3）新物品置于旧物品的下面或后面，先来的物品先发出去，保证不因过期而造成浪费。

（4）房间要通风、干燥。

为了保证物品在需要时能很容易被找到，应该采取什么措施？你对办公用品的保管还有什么建议？

_____

_____

_____

Step4　库存监督

库存监督应根据不同目的选择不同的监督类型以及时间间隔。在监督中若发现有库存问题，就要缩短监督的时间间隔，以保证库存符合企业要求。

为了防止浪费和被盗，应准确计算库存价值，通常每一季度检查一次实际库存，检查时将实际存放的物品余额与库存记录卡上的余额进行比较，如发现不符，应立即纠正记录卡上的错误。

为了了解各部门和某个人使用物品的情况，防止过度使用，通常每两个月检查一次库存物品申请表和库存记录卡。

为了了解公司发展变化后是否需要调整最大、最小库存量和再订货量，通常半年检查一次库存记录卡。定期检查库存记录卡还可以及时处理过期的和多余的物品。

在库存监督时若发现库存不足，应及时补购，以保持充足的库存，从而保证组织的顺利运作和消除由库存短缺而引起的工作迟延。

准确的库存记录可以起到什么作用？

_____

_____

_____

_____

_____

_____

反馈小结

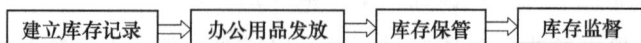

建立库存记录 ➡ 办公用品发放 ➡ 库存保管 ➡ 库存监督

延展训练

（1）阅读下面这张库存记录卡，然后回答问题。

库存记录卡

库存参考号：B5			最大库存量：40			
项目：A4 复印纸			最小库存量：8			
单位：箱			再订货量：12			
日　　期	接　　收			发　　放		
	接收数量	发票号	供应商	发放数量	申请号	领用人	余额
1-1							38
1-5				8			
1-17				20			
1-24	30						
2-2				14			
2-9				10			
2-18				4			?

1）自 2 月 18 日发放物品后，库存记录卡上的剩余库存是_____箱。

2）当 2 月 18 日需要重新订购 A4 复印纸时，订购员应该订购_____箱。

（2）仔细观察下图，找出其库存保管中存在的问题，并提出改进建议。

资料库

办公资源管理软件简介

办公资源的管理是办公自动化管理的一个重要内容。在许多公司开发的办公自动化管理系统中都具有办公资源管理的功能，也有一些软件公司开发了独立的办公资源调配管理软件，目前市场上这类软件较多。

这类软件致力于解决单位内部办公用品资源与人员之间的调配问题。利用软件可以详细登记办公资产编号、名称、配置、单价、数量、金额、购买单位、存放位置和资产图片信息等，可以登记办公资产的使用人，可以查询办公资产的借、领、还历史记录，可以做到责任明确到人。大多数软件还提供详细的人事档案管理功能，按部门登记员工资料，这样能够做到办公资产和人员之间调配的自动化更新。

日常办公用品软件一般包括登记、领用、盘存三大功能。

办公资源登记模块主要用于登记各种办公资源的入库情况。记录每次购进了哪些物品、各分哪几个品种、品种名称、品种数量、价钱、购买日期及地点、经办部门、经办人等相关信息。此模块包括办公资源的信息登记、修、删、改、查、打印、预览等功能。

办公资源领用模块主要用于登记各种办公资源的领用情况。它需要记录被领走的每样办公资源的种类、名称、数量、领用日期、领用部门、领用人等相关信息，便于日后对办公资源进行季度、年度的领用盘存。此模块包括办公资源的信息登记、修、删、改、查、打印、预览等功能。

办公资源盘存模块主要是对办公资源做领用盘存（领用盘存=登记件数−领用件数）。采购部门根据领用盘存数据，决定何时该购买何种办公资源及其购买数量等。

考 证 通 道

要点指导

要求学习者掌握办公用品的订购、接收、发放和管理的基础知识，能够做好办公用品的订购、接收、发放工作，并进行有效的库存管理。

1．五级秘书

能够发放办公用品。

2．四级秘书

（1）能够订购、接受办公用品。

（2）能够管理办公用品。

3．三级秘书

（1）能够制订办公用品和办公设备采购程序。

（2）能够编制采购办公用品和设备预算方案。

模拟习题

1．选择题

（1）秘书记录库存卡的目的（　　）。

    A．可以监督员工使用办公用品的情况

    B．可以准确地估价库存办公用品金额

    C．可以保证库存物品充足，保证供应

    D．可以减少资金被不必要的库存占用

（2）秘书常用的装订类办公用品有（　　）。

    A．磁盘盒   B．标签纸

    C．打孔机   D．收件日期戳

（3）为安全起见，较重的裁纸刀最适宜摆放在办公用品存储柜（　　）。

    A．柜顶上面   B．前面地上

    C．上层隔板上   D．下层隔板上

（4）秘书购货时收到供应商的发票后，应注意将发票上的信息与（　　）相对照。

    A．订货单   B．入库单

    C．估价单   D．交货单

（5）制定采购预算方案首先要（　　）。

    A．确定采购产品的种类及型号价格   B．确定预算的核算基数

    C．编写预算方案   D．征求意见，完善方案

（6）办公设备和耗材的库存管理，要求"三卡一致"，这三卡指的是（　　）。

    A．库存卡   B．出货卡   C．进货卡   D．供应卡

（7）秘书决定某办公用品的最大库存量是根据该用品的（　　）综合确定的。

　　A．购买票据　　　　　　　　　　　B．所占经费

　　C．所占空间　　　　　　　　　　　D．保存期限

（8）秘书在某办公用品（　　）时就需要添置了。

　　A．库存卡余额为零　　　　　　　　B．余额达到再订购量

　　C．余额达到最小库存量　　　　　　D．被领用完了

2．实务题

（1）请就怎样进行办公用品的发放谈谈你的看法。

（2）某公司拟任命文员小李兼管办公用品的管理工作，请你告诉小李：①办公用品的进货手续；②办公用品的库存管理方法。

课堂项目实训

实训内容

　　为一家新成立的销售公司制订一份办公用品管理制度，并绘制办公用品管理中所需的各类表格。

上交作业

（1）人员分工表1份。

（2）办公用品管理制度1份（包括采购、领用和发放、保管、监督等方面）。

（3）办公用品预算表、办公用品订购申请表、入库单、库存控制卡、办公用品领用申请单、发放清单各1份。

（4）成果汇报PPT 1份。

实训要求

（1）分组进行，分工合作。

（2）时间：4学时（其中2学时完成文字材料，2学时分组汇报讨论）。

（3）作业格式要统一规范，表述清楚。表格设计要合理、美观。

评分标准

（1）文字材料 40%+实训态度 20%+小组协作情况 20%+成果汇报总结 20%。

项　　目	分 值 比 例	评 分 要 点
文字材料	40%	格式正确，结构完整，内容表述清楚，条理清晰，排版规范
实训态度	20%	工作主动，积极参与
小组协作情况	20%	方案质量高，团队协作精神好，合作能力强
成果汇报总结	20%	汇报条理清楚，PPT 制作精良

（2）教师 60%+小组互评 20%+自评 20%。

项目四

日常办公事务处理

项目导学

项目描述

　　翰林文化发展公司行政部共有6名职员，工作分工细致，职责分明。行政部文员钟苗负责日常办公事务处理工作，其主要工作职责在于文档处理、办公用品管理、部门备用金管理等。前台文员初萌负责电话接打、邮件的接收和转发、日常工作接待等。行政部助理高叶协助行政部施林开展工作，同时负责值班管理以及公司日常办公会议的安排。总经理秘书李娜负责处理公司印信管理、总经理日程安排、重要客户接待、商务活动安排等工作。司机孙林主要负责公司商务用车使用。行政部职员基本上是文秘专业毕业，上手很快，能够很好地胜任工作，他们也清楚地认识到日常办公事务处理工作细致而琐碎，在顺利履行工作职责基础上，还必须锻炼自己的工作技巧，积极完成领导交办的各项工作。

项目任务

　　任务一　接打电话

　　任务二　邮件处理

　　任务三　值班工作

　　任务四　印信管理

　　任务五　日常办公会议安排

　　任务六　小额现金管理

学习目标

　　知识目标：了解日常办公事务的基本类型；掌握日常办公事务处理工作程序和基本知识。

　　能力目标：能正确接打电话，处理邮件；能做好值班工作，管理好印信和小额现金；能进行日常办公会议安排。

　　情感目标：能够与他人很好地沟通与协调；有严谨细致的工作作风和热情耐心的服务意识。

任务一　接　打　电　话

情境导入

上午 10 点钟，初萌正在接收邮件，电话铃声响了两声，初萌微笑着拿起电话："您好，翰林文化公司。"

"小初啊，今天下午的日常办公会临时改到明天进行，你通知下大家。"

"好的，张总。请问明天会议的具体时间不变吗？"

"不变。"

"好的，知道了，我马上通知大家。"

张总挂断电话后，初萌放下电话。做好电话记录，及时向助理高叶汇报，并一一通知与会人员。

任务描述

请演示初萌接听张总电话的情景，并将下午日常办公会议召开时间更改的消息电话通知与会人员。

任务分析

日常事务中，接打电话是最基本的工作，电话沟通是必不可少的方式。掌握接听电话和拨打电话的方法和技巧十分重要。初萌在接听电话时能够彬彬有礼，在接到张总的指示后，迅速理清思路，询问了会议具体时间，避免事情没了解清楚，再次向领导询问的尴尬。之后，初萌还要及时向助理高叶汇报，以便高叶做好会议安排等工作，再一一电话通知到下午的与会人员。

任务实施

Step1　了解接听电话的方法和技巧

（1）电话铃响三声之内拿起话筒。

左手持听筒，右手拿笔。接电话前应做好记录的准备。如果铃响三声后仍然无人接听，客户会认为这个企业员工精神状态不佳。

（2）问候对方并自报家门。

以彬彬有礼的态度向对方问好，报出公司或部门的名称。声调温和，语速适中，语言简练、亲切，坐姿端正；要微笑着接听电话，由于面部表情会影响声音的变化，所以即使对方看不见秘书，也能从秘书热情的语调中受到感染，得到尊重。

（3）确认对方身份及来电意图。

确认来电者身份姓氏，了解清楚对方要找的对象，听清楚来电目的。

（4）复述、确认要点。

应做好电话记录，对时间、地点、核心内容、联系电话、区域号码等方面信息进行复述确认，不清楚的地方，应请主叫方重复或解释，保证信息的准确性。

来电记录单

来电号码		受话者	
对方单位		来电时间	年　月　日　时　分
电话内容			
紧急程度			
处理意见			
记录人		记录时间	

（5）道别、挂断电话。

最后要道谢、祝福，礼貌地请对方先收线。整理电话记录，背面朝上放在转接对象办公桌上。及时处理相关事务。

关于接听电话的方法和技巧你认为还有哪些方面需要注意？

_____

_____

_____

_____

Step2　掌握拨打电话的方法和技巧

（1）拨打电话前着重考虑以下几点：

1）这个电话是否一定要打（考虑其他方式）？

2）打电话的时间，对方是否方便？

3）查清、确认对方的电话号码。

4）拿起话筒前写好通话提纲，重要细节（人名、地名、数字）要准确无误。

5）要用到的有关文件放在电话机旁，翻到需要的那一页。

6）要告知的事可能引起不悦，应准备好应答方案。

打电话前还可以把要说的内容依照"5W1H"排列清楚，接电话时也要按"5W1H"要求记录来电内容。所谓"5W1H"是指：When 何时、Who 何人、Where 何地、What 何事、Why 为什么、How 如何处理。

（2）拨打电话规范：

1）整理电话内容，备齐资料。

受话者：_____。

通话目的：_____。

询问事项：_____。

备用信息：_____。

2）确认对方电话号码及信息。

拨打前仔细核对对方电话号码，确保一次拨号就能成功通话。与初次打交道的客户打电话，还需确认对方公司及所在部门的名称，以免错误称谓，给对方留下不好印象或令对方尴尬。

3）正确拨号。

摘机后要立刻拨号。拨号时要精神集中，避免拨错。耐心等待电话接通，至少要让铃响6次以上，确认对方无人应答才收线。

4）自我介绍并直入主题。

如果对方未自报家门，则问好并确认对方是否是自己要找的对象；如果对方已自报家门，则自我介绍并直接说明打电话的目的；如果找不到要找的人，则表示谢意并给对方留言。

注意使用礼貌用语，说话清晰、温和，语调比平时略慢。

5）叙述事情并确认通话要点。

简明扼要、准确清楚地陈述预先准备好的电话内容，特别重要和容易弄错的地方，可以重复，确认对方已明白无误地听清记住。要保持音量适中、吐字清楚、声音愉快。

去电记录单

去电号码		受话者	
对方单位		去电时间	年　月　日　时　分
电话内容			
通话结果			
记录人		记录时间	

6）道别、挂断电话。

最后要道谢、祝福，礼貌地请对方先收线。一般谁先打电话谁先挂电话，可以说一句："我先挂了，再见。"必要时为表示对对方尊重，可以请对方先收线。

（3）注意事项：

1）刚上班前 40～60 分钟，特别是周一，往往是最忙的时候，不适宜拨打电话。

2）午饭、午休时间、下班之前（特别是周末），若非十分重要或紧急的电话也不宜打。

3）往国外或外地打电话时，注意时区差异、上班时间的差别。

Step3　电话通知与会人员

（1）准备好通话内容

初萌考虑到今天下午的日常办公会议延期召开，现在已经是上午 10 点钟，时间比较紧，只能一一电话通知与会人员。根据张总电话指示，初萌首先整理出拨打电话的详细内容：

1）受话者：_____。

2）通话目的：_____。

3）通知事项：_____。

4）备用信息：_____。

（2）确认受话者电话号码

首先拨打办公室内线电话，如不能联系到受话者，再拨打受话者手机号码，如果还不能联系到人，可以根据实际情况，决定采取请他人转告、自己发送短信等其他方式告知受话者会议时间更改的信息。如非本人直接告知，一定要让受话者收到会议延期的消息后，加以回复，并确认告知的信息无误。

（3）确认受话者本人

在拨打办公室内线电话，或拨打受话者手机后，均应正确称呼，并确认电话拨打无误。

（4）自报家门

通话开始后，初萌自报家门："_____。"

（5）准确说明通知事项

初萌电话通知的要点："_____。"

（6）道别、挂断电话

拨打完电话，初萌可以采用哪些方式挂断电话？

1）_____。

2）_____。

3）_____。

（7）整理电话信息

整理电话信息，及时反馈。迅速处理会议延期的相关事项。

反馈小结

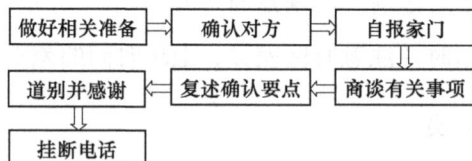

延展训练

1．问题思考

（1）秘书小王一次接到客户的电话，铃声响了六声之后才接，电话中对方称自己有急事，埋怨秘书迟迟没接电话，情绪很大，小王反驳说："我这也不正忙着吗？大家都有急事，相互体谅点嘛！"小王做得对吗？

（2）秘书小盛接到一个电话，对方称有事要和张总谈谈，小盛立即说"请稍等"，将电话搁置在桌子上，来到张总办公室，发现张总正在打电话，小盛在一旁等了三分钟，等张总打完电话，小盛告之他有电话，张总来到秘书办公室，拿起电话，发现电话里没声，对方已挂机了。小盛哪些地方做得不妥？如果你是小盛，你该如何做？

（3）秘书小林正在接听一个电话，突然办公桌上另一部电话响了，小林立即挂掉手中的电话，去接另一个电话。小林做得对吗？如果你是小林，你将如何处理？

（4）秘书小孔有一次上午 9 点钟给新疆的一位客户打电话，结果对方称正在吃早餐，要求等会儿再让小孔打过去，小孔便挂了机。你知道孔秘书什么地方做得不妥吗？

2. 阅读案例，回答问题

宏远公司的丁秘书正埋头起草一份文件，电话铃响了，拿起电话，丁秘书听着对方的声音，辨别出又是那位推销员朱磊打来的电话。第一次他来电时，丁秘书听着朱磊的自我介绍，判断这电话不是经理正在等的电话，也不是紧急要事。于是她说："很抱歉，经理不在。请你留下姓名、地址、回电号码，我会转达给经理的。"可对方非要找经理不可。挂断电话，丁秘书就此事汇报了经理。经理听后，告诉她，曾在一次交易会上见过此人，印象不佳，不想和他有生意上的来往。十天前，朱磊又来电话，丁秘书说："对不起，经理仍然不在。我已将你的情况和要求转告给经理，目前他非常繁忙，尚未考虑与你联系。"随即主动挂断了电话。

现在，朱磊第三次来电，丁秘书应该怎么办？

问题：

（1）假如你是丁秘书，你怎样做？

（2）秘书接听电话时，首先应做些什么？

（3）秘书怎样审查来电？

（4）秘书在电话中应怎样既做到为领导"挡驾"，又不得在言语行动上失礼，冒犯对方？

资料库

接听特殊电话的技巧

在日常电话接听之外，还有一些类型的电话在接听时需要灵活应对，如各种推销电话。如果公司对对方推销的东西不感兴趣，就要委婉拒绝，注意说话的语气和态度，如："谢谢您，如果今后我们有需要，再联系您。"尽量做到"买卖不成仁义在"，不要简单粗暴地解决问题。

秘书有时会接到一些骚扰、恐吓或威胁电话，一般而言，这些电话常常与公司经济利益相关，在遇到这类电话时，秘书首先要保持镇定，可以按下免提，做好电话录音工作，尽可能掌握证据，以便公司今后通过司法渠道处理问题。

此外还有一些纠缠电话，如有些部门或客户为解决问题，不顾秘书拒绝或解释，多次打电话纠缠。这时秘书在接听电话应有礼有节，坚持原则，不训斥对方，不发怒，不急躁，告诉对方："先生，您表达的意思我们已经知道了，请您耐心等待问题的解决，一有消息就会打电话告知您。"或者："请您现在不要电话催问，这样不利于事态的发展，请予以合作，不然我们也没办法帮您，再见。"

任务二 邮件处理

情境导入

周一上班，翰林文化发展公司行政部初萌就发现今天任务很繁重。她迅速投入工作，但是临近下班时间，仍有部分工作没有完成。导致她今天工作忙乱的原因主要是今天办公室的邮件收发处理工作很多：

（1）处理一封发给总经理的函件，是封面上有"亲启"字样的急件。

（2）处理寄给人事部刘部长的包裹。

（3）复印一份将给某客户的复函以备存，原件邮寄给对方。

（4）处理市商业局发来的一份政策性文件，上面有总经理的批办意见："交各部门负责人传阅。"

（5）行政部施主任要求初萌今天务必寄送本公司的邀请函给宏远公司王总。

（6）处理一批收到的商业信函、若干封私人信件和报刊、小册子等印刷材料。

（7）三个客户的电子邮件需要在四小时内回复。

任务描述

如果你是翰林文化发展公司的文员初萌，你将如何按照正常的程序和规范的要求处理今天邮件的收发工作而不影响其他工作呢？

任务分析

初萌在周三这天上班时工作很忙乱，临近下班也没有完成这一天的工作任务，主要是她没有按照正常的程序和规范的要求正确及时地处理今天的邮件收发工作，以至于影响了其他的工作，对于办公室里那一大堆需要处理的邮件，她应该如何做呢？

任务实施

Step1 区别收发件

邮件处理工作是秘书的经常性工作。办公室的邮件主要包括两大类：一类是通过邮政系统传递的邮件，如各类纸质信函、包裹、报纸、杂志等，另一类是电子邮件，如传真、电传、Email 等。秘书能否做好邮件处理工作会影响工作的进程，因此秘书需要掌握一定的程序和方法。

初萌上班后要处理诸多邮件，首先应该查对邮件，填写邮件接收登记表，并进行简要分类，请帮初萌列出接收和寄发邮件的类别：

接收的邮件：_____

_____

_____

寄发的邮件：_____

_____

_____

思考电子邮件如何接收，有什么注意事项？

_____

_____

Step2　邮件的接收与处理

邮件接收与处理的基本程序包括分类、拆封、登记、呈送。

（1）分类

初萌在接收邮件后首先对邮件进行分类，分类时主要考虑以下几点：

1）将私人邮件与公务邮件分开。

2）将重要或紧急邮件和普通邮件分开。

3）把优先考虑的邮件放在一起。

（2）拆封

接下来，初萌对公务邮件进行拆封，步骤如下：

1）开拆之前，要在邮件底部轻敲几下，使邮件内的物件落到下部，以防在拆剪时受损。

2）用开封刀或电动邮件启封机沿邮件上端开启，不能用手撕。

3）开拆后，信封应跟信纸、附件等用订书机或大头针、回形针等订在一起，以备查阅。

4）取出邮件后再次检查信封内部，以免遗漏。

5）核对邮件上标明的附件，如有缺失，应在邮件上标明。

6）带密级邮件、私人邮件或注明某部门、某人亲启的信件不得拆封；误拆的要向对方说明并表示歉意。

（3）登记

对已经接收的邮件，初萌建立一个邮件登记簿，既可以作为核对的依据，也可以用来作为回复邮件的提示。公文、公函、包裹、杂志等都需要登记，以便管理，私人信件、普通广告、推销信、征订单等可不做登记。请你帮初萌将相关邮件分类后填入下表：

邮件登记表

年　月　日

序　号	收件时间	邮件名称	发件人及单位名称	邮件种类或主题	收件人	办理期限	备　注

（4）呈送

对邮件进行初步分拣、拆封、登记后，初萌应该进行邮件接收后的处理工作，并按照紧急、重要程度进行处理。首先，应该要重点处理有时间要求的函件，在这些函件中又要根据其重要程度作出优先与否的不同处理。其次，要注意公私函件的不同处理。上司亲收件应立即呈送，不同部门办理的文件、信函应及时交送各相关部门，同事的私人信件可以放到公司指定的信箱或顺便交送，报纸杂志分别上架。向上司呈送邮件时要注意：

1）呈送时，将重要的邮件放置在上面，一般处理要求的邮件放在下面。

2）可在一些信函上做些旁注或在重要的词句下划线，以便引起领导的注意和重视。

3）需要由其他部门答复的信件，应先请示领导，而不能擅自将其交给具体的承办人。

4）可用不同颜色的文件夹放置不同处理要求的邮件，如：用红色文件夹放置优先考虑的信函，用黄色文件夹放置例行性备忘录，用蓝色文件夹放置特殊信函，用绿色文件夹放置私人事务信函。

5）呈送前可以使用带颜色的笔在信件上标出重要的词句，但最好使用黄色的笔，这样复印时就不会留有痕迹。如果有些办公室不允许在信上写字或做记号，可在信上贴一张能够移动的粘贴条。

在区分轻重缓急之后，初萌要将哪些邮件呈送给上司？

_____

_____

_____

_____

有些邮件需要送交多个部门或人员阅知或办理，为有效地控制传阅过程，初萌设计了一个传阅顺序单。

传阅顺序单

年　月　日

顺　　序	传　阅　人	简　单　意　见	签　　名	日　　期

Step3 邮件的寄发与处理

寄发邮件的基本程序包括签发、查核、封装和登记、选择寄发方式。

（1）签发

除紧急信件外，初萌把需上司过目签字的邮件集中在一起，请上司签字后才能寄发。

（2）查核

初萌在寄发邮件前认真查核，主要查核附件是否准确和齐全，信封和信皮的格式、姓名、地址、邮编是否正确。

（3）封装和登记

初萌在邮件封装和登记时主要注意以下几点：

1）为方便收件人拆阅，折叠信纸时宜将信纸的上下或左右纸边留出大约 0.5 厘米的距离。

2）若有附件，附件应与信件正文分开，把附件叠好放在正文的最后一叠中，这样收件人取信时，附件也会一同取出。

3）给邮票和封口上胶水时，要同时使用吸湿器，吸湿器能吸干过量的水分，以免玷污信封。

秘书还应对发出的重要邮件予以登记，以便工作的落实与跟踪。请帮初萌将寄发邮件的信息填入下表：

邮件寄发登记表

寄 发 日 期	寄 发 时 间	发 件 人	收 件 人	发 件 种 类	寄 发 方 式	备 注

（4）选择寄发方式

在选择寄发方式上，不同类型的邮件往往意味着不同的寄发
要求，秘书应该根据信件内容的重要性及时效性选择妥当的传递方
式。可供选择的寄发方式有平信（本市、国内、国外）、明信片、
印刷品、挂号信、包裹、特快专递。如果时间紧迫，可以采取其他
的快速传递方式，如电子邮件、传真、电传、电报等。如果是选择快递方式，应尽量选择与
本公司有长期合作关系或有协议的快递公司，并注意索取发票，快递寄出后，可以电话提醒
对方注意查收。

任务中"给某客户的复函原件邮寄给对方""今天务必寄送给宏远公司王总的邀请函"，
初萌应该采用什么样的寄发方式？

_____

_____

_____

_____

寄发函件要讲求效率。能够集中在一个时间里统一寄发的邮件，最好集中起来一起寄发，
否则多次往返邮局会浪费时间，影响自己的工作。特别要了解邮政方面的规定和要求，注意
避免寄发时因不符合邮局要求而不得不重新处理邮件的情况发生。

反馈小结

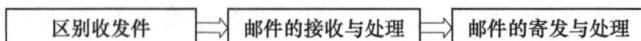

区别收发件 → 邮件的接收与处理 → 邮件的寄发与处理

延展训练

（1）案例分析

星期二，刚过九点，前台就给公司秘书林璇送来一堆邮件（包括一个包裹）。林璇把它

们放在一边，便开始忙昨天没完成的工作，直到临近中午，才腾出时间处理这些邮件。她把它们按公务邮件和私人邮件分开，把公务邮件一并放入文件夹中，送进经理办公室。然后，她把私人邮件按部门逐个递送，包裹收件人恰巧不在办公室，林璇把包裹放在收件人办公桌上，给同室的人打了个招呼，就走了。

分析： 林璇的邮件处理有什么问题，并给出规范的操作方法。

（2）请阅读下面文字，进行实践练习。

在李秘书的办公室，邮递员送来一批邮件。李秘书对这些邮件予以分类、拆封、登记，并把经整理的公务函件呈送给肖总经理。肖总对其中一封急件做了处理：他向李秘书口述了回函的概要，并要求李秘书整理出来后，以最快速度发出。

说明：

1）本部分实训在学校实训室进行。

2）实训时，全班可先分为若干个实训小组，每组2人，分别扮演肖经理和李秘书。

3）首先在模拟的李秘书办公室中演示收到邮件后对邮件分类、拆封、登记和呈送的全过程。然后，在模拟的肖总办公室中演示回函的口述、整理和发送的全过程。

4）其他学生对演示过程及结果进行评议。

5）实训材料的准备：信封、邮票、文件夹、开封刀、回形针、胶水等。

资料库

发送商务电子邮件注意事项

1. 明确收件人及其邮箱地址

发送电子邮件之前，必须先搞清楚发送邮件的对象、职务以及邮箱地址。发送给多个收件人的，各收件人的邮箱地址中间用分号隔开；如果需抄送其他人的，可以添加抄送；需要发送文件、图片的，添加附件上传，不要将内容直接粘贴到正文中。以上每一项都必须保证完全正确。

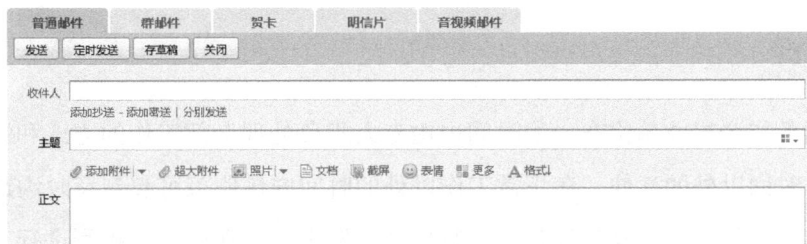

2．明确邮件目的

主题是邮件的目的。商务电子邮件类别一般有通知、提醒、确认信息、答复消息、表达感谢、表达歉意、提出要求、询问原因、提出建议等。

3．写明正文内容

商务邮件不需要过多的修饰和寒暄，恰当的称呼和招呼之后就可直接进入主题，说明邮件的目的，再展开具体内容，内容不宜过长，阐述清楚即可。

4．注意邮件表述的语气和措辞

同级之间、较为熟悉的工作伙伴之间可以随意一些，向上司汇报工作、和客户沟通则需要正式、严谨。

另外，邮件在发送前必须从头至尾认真检查一遍，不要出现错别字，严谨的作风能反映出办事的态度，不要因为细节处理不当给对方留下不好的印象。

任务三　值 班 工 作

情境导入

五一假期就要到了，翰林文化发展公司领导经研究决定 1、2、3 号三天放假，4 号开始正常上班，为了保持工作的连续性，张总要求行政部提前做好值班安排。鉴于春节期间值班人员有脱岗情况，张总要求行政部将公司值班制度印发到各部门，并组织值班人员进行学习，明确值班工作的任务和要求。行政部接到任务后，由助理高叶来完成这项任务。

任务描述

高叶的任务主要有两个，一是编制"五一"期间公司的值班表，二是组织学习值班制度，明确值班任务。

任务分析

值班是指各类企事业单位在一段时间内由专人担负处理全部工作的方式和制度。值班工作是正常工作时间以外的延伸。在正常工作以外的时间安排值班可起到及时沟通上下、联系内外、协调左右的作用，能及时反映、及时处理突发事件，保证工作顺利进行。

任务实施

Step1　明确值班工作任务

值班人员在值班工作中必须准确传递信息，对本公司的有关业务进行提醒、通知，及时将信息传达到有关部门和单位，并督促有关人员落实工作任务。

值班工作任务主要有：

（1）办理上司交办事项

办理上司交办的事项占值班工作内容的很大一部分，常见的事项主要包括受委托接待工作、反馈工作、临时性会议通知工作、转达指示工作、服务工作等。

（2）上传下达，沟通内外

上级部门经常派人到下级部门检查工作，了解情况；下级单位也经常派人到上级部门汇报工作，反映问题；平级单位或无隶属关系的单位也常相互联系，协调工作。上述情况经常需要值班室来处理。值班人员要认真接待，或请有关负责人接洽，或介绍有关部门。做到认真登记，及时汇报，及时处理。

（3）认真处理来函、来电

值班人员在接听值班电话时，态度要和蔼、谦虚、有礼貌。遇到询问应耐心热情地回答，要熟记常用的电话号码，对重要电话要详细记录内容。记录电话及办理情况，要用统一格式的专用记录本。

值班期间，接收的函电如是紧急、重要的，应及时通知具体承办部门或报告给分管负责人。对需要答复的，如无领导授权，值班人员一般只传达，不随意表态；经领导指示需要值班人员处理的，按领导要求，及时办理。

（4）负责接待工作

接待任务主要分公务接洽和个人来访两种，具体接待任务包括：

1）上级单位来了解或指导工作，值班人员应根据相应规定并结合来访者的意愿做出适当的安排。

2）外单位来参观、学习、考察，值班人员要热情接待，向客人介绍简要情况。

3）专程前来反映意见的，值班人员要虚心听取，并尽可能满足客人的要求。

（5）掌握上司的外出情况

值班室应通过上司秘书，记录上司外出情况，如上司出差，值班人员遇到紧急、重大问题应能及时联系到上司，保证工作正常开展。

（6）协调处理安保工作

值班人员在做好以上工作之外，还要协助有关人员做好安全保卫工作。

Step2　确定值班时间

值班时间包括值班期间和每天的起止时间。要注意区分日常值班、临时值班、节假日值班、突发事件值班等。

高叶明确了值班的时间：＿＿＿＿＿＿＿＿＿＿＿＿＿＿＿＿＿＿＿＿＿

Step3　确定值班人员

确定值班人员要统筹兼顾，准确到人。党政机关、大型企事业单位或一些性质比较特殊的单位可能设有固定人员值班的值班室，平时有固定人员值班，节假日一般由业务部门的人员轮流值班。较小的单位，多采取轮流值班的办法，并安排有总值班或领班人员。

高叶考虑的值班人员：＿＿＿＿＿＿＿＿＿＿＿＿＿＿＿＿＿＿＿＿＿

Step4　编制值班安排表

翰林文化发展公司"五一"期间值班表

时　间	值　班　人			带　班　人	
	姓名	所在部门	电话	姓名	电话
年　月　日					
年　月　日					
年　月　日					

说明：

1. 每天值班时间：

2. 值班工作任务：

3. 注意事项：

Step5　提请领导审定

在值班表基本编制完成后，还须将其提请领导审定，值班工作如需领导带班的，要事先征求有关领导的意见。

Step6　公布值班安排表

值班表经领导审定批准，要及时公布和送达，一般可以通过网络、公告牌等公布，纸质的文档要加盖公司印章发送到相关部门人员手中。

Step7　值班人员完成值班工作并做好记录

值班期间，值班人员按时履行值班工作任务，还须做好值班工作记录。值班工作记录主要包括以下几类：值班日志、值班报告、来人登记与接待记录、电话记录。

值 班 日 志

编号：

时间	日　时　分～日　时　分	值班人	
记事		待办事项	
承办事项		接班人	
处理结果			

值 班 报 告

编号：　　　　　　　　　　　　　　　　　值班人：

报告事项			
来人、来电、来函单位		时间	
姓名	职务	电话	
内容摘要：		拟办意见：	
		领导批示：	
处理结果：			

外来人员登记表

序　号	姓　名	性　别	单　位	乘坐车辆	携带物品	办理事项	进入时间	出门时间	备　注

接待记录表

编号：

来访人姓名		来访人单位	
接待时间	年 月 日 时 分—— 年 月 日 时 分		

内容

拟办意见：

领导意见：

处理结果：

值班人签字：

电话记录表

编号：　　　　　　　　　　　时间：　年　　月　　日　　时　　分

来电单位		发话人	
来电号码		接话人	

内容

通话内容摘要：

经理意见：

处理结果：

值班人签字：

Step8　履行交接班手续

值班人员结束值班任务时，要做好交接班工作，履行交接班手续。在交接班时要注意以下几点：

（1）必须当面交接，不能委托他人。

（2）交接值班记录，说明在值班期间出现的问题及处理办法。

（3）值班人员必须在值班记录上签名，确认记录的内容。

🌀 反馈小结

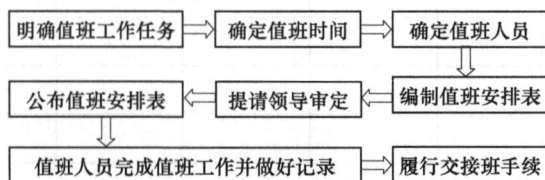

延展训练

（1）讨论

你是翰林文化服务公司的值班文员，在值班时遇到以下情况：接到一个电话，接待两名访客（公务访客和私人访客各一名），收到三封邮件（紧急、普通、宣传各一封）。

问题：

1）你应该如何处理？

2）需要填写哪些表格？

3）请填写值班日志。

（2）案例分析

某星期天下午 5 时，某县工商分局办公室王秘书正准备结束值班，回家休息，突然电话铃响了，传来了急促的声音："出事了，请局里赶快派人来。""同志，请你冷静一下，到底出了什么事，把情况说清楚。"原来，局里一辆面包车与一辆大卡车相撞，司机重伤，另有 3人受伤，车损严重，已不能开动，请求局里急速处理。

问题：如果你是王秘书，你会怎么做？

资料库

值班工作规范

（1）值班人员必须坚守岗位。值班人员在规定的值班时间内必须坚守值班岗位，不能值班时要提前请假，调代班须先报批，如果无人临时接班，则不得离岗。

（2）值班期间认真处理事务。值班期间往往事情繁杂，如果遇到突发事件，自己职责范围内的，可按照单位有关规定处理；如果是自己把握不准的，必须及时向上司或相关部门报告、请示，并按照领导指示迅速处理，开展工作；如果来不及请示或未能得到及时答复的问题，可视紧急严重程度，先做应急处理，然后再汇报。

（3）坚持做好值班记录。要认真做好值班期间产生的相关记录，如电话记录、接待记录以及值班日志，并做好交接班的记录，保证工作的延续性。

（4）热情接待访客。值班期间，可以根据预约来访和无预约来访等不同情况，给予恰当的处理，接待来访者既要热情礼貌，大方得体，又要坚持原则，按章办事。

（5）重视安全保卫工作。值班期间，必须做好公司的安全保卫工作。值班常用的通信设备、灭火设备要定期维护、检查和保养，重要联络电话、交通图册、手电筒等值班的基础装备必须保证完整，同时要提高工作人员的警惕性和保密意识。

任务四　印 信 管 理

情境导入

李娜担任翰林文化发展公司总经理秘书，工作一段时间后，张总把公司印信使用与管理工作交给了秘书李娜，李娜应该怎样做？

任务描述

李娜担任总经理秘书一职，认真研究了总经理秘书的岗位职责，在印信使用与管理工作上，她特别加以重视，这既是领导的信任，也是自己工作能力提升的表现，因此她认真研究了印信使用与管理相关知识。

任务分析

印信的使用与管理主要包含两部分内容：一是印章、介绍信的保管，二是印章和介绍信的使用。

任务实施

Step1　了解印章、介绍信的使用程序

（1）印章的使用程序

印章是印和章的合称，是指刻在固定材料上的代表机关、组织、个人权力的图章。印章具有标志、权威、法律和凭证作用。

秘书部门掌管的印章主要有三种：一种是单位公章（含钢印）；二是单位领导人的"公用"的私章；三是秘书部门的公章。

1）印章的刻制：持上级主管部门的正式批文，到公安机关办理核准登记手续，再到公安机关制定的专门刻章的单位刻制。印章刻制后，要带新印章回制发单位留样备案后才可启用。

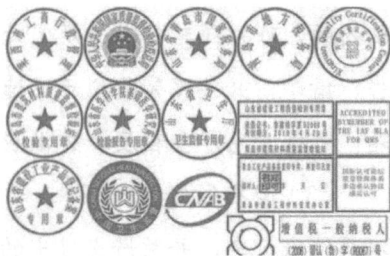

2）印章的启用：发布启用通知（上级机关向有关单位，附上印模）——领取印章（两人同行，交办公室负责人拆验）——专人保管（机要秘书或可靠的人）——将印模和启用日期报上级主管机关备案——相关资料归档保存。

3）印章的停用：将旧公章送交上级制发机关封存或销毁，销毁的旧公章要登记造册，要有两人监督。

（2）介绍信的使用程序

介绍信是用来介绍被派遣人员的姓名、年龄、身份、接洽事项等情况的一种专用书信，具有介绍和证明双重作用。

从文面格式来看，介绍信有两种：

1）书信式。这是用一般公文用纸（或印有单位名称的信笺）书写的介绍信。

介　绍　信

××公司：

　　今介绍我公司×××、×××两位同志前往贵公司洽谈有关××产品销售的具体事宜，请予接洽为盼。

　　此致

敬礼

（印章）

×年×月×日

（有效期×天）

2）印刷式。这是单位正式介绍信，先设计好固定的格式，然后大批量印刷，使用时只需在相关条项内填上相应的内容即可。印刷式介绍信一般都由正式联和存根两部分组成。

杭州沪宁（　）总字 000108 号	介　绍　信
单位或姓名：	杭州沪宁（　）总字 000108 号
前往事由：	＿＿＿＿＿＿＿： 　　兹介绍我公司　　　等　　同志 前往你处接洽　　　　　　工作， 望予以协助为感。
人　数：	此致
日　期：	敬礼！　　　　　　（盖章处）
接洽单位：	年　月　日
经办人：	
签发人：	有效期：截至　年　月　日

Step2　做好印章、介绍信的保管工作

（1）印章的保管——专人保管，保障安全，防止污损

1）专人保管，如机要秘书。保管者不得委托他人代盖印章，更不能自己随意带出或让他人拿走使用。如因事外出，须经批准交他人代管。

2）存放在安全、有保密措施的地方，柜门上锁，或存放在保险柜内，随用随取随锁。

3）注意印章的保养，盖印下面要衬垫一定弹性的硬橡胶或厚纸等，防止印泥在坚硬的物体上使用造成碰损，及时清洗残留的印泥，确保印迹清楚。

4）如果丢失，必须立即报上级机关，并向公安局登记，声明作废。

（2）介绍信的保管

1）介绍信通常要专门印制并有编号，一般由印章管理人员负责掌管。

2）介绍信的保管应该和印章保管一样，牢固加锁，随用随开随锁。

3）严禁开具空白介绍信。

4）开出后未用的介绍信，应及时催回，粘贴在存根上。

5）介绍信持有者如果将其丢失，应及时报告部门领导，并告知介绍信管理人员，还应通知前往办事的单位，以防冒名顶替。

Step3　审核用印申请单

审核人主要审核用印申请单的基本内容，特别是经办人签字、领导签字等重要信息。

用印申请单

文件标题			
发往机关		份数	
用印日期		用印申请人（签字）	
批准人（签字）		备注	

在申请单的审核方面还要注意：

（1）未经本单位领导批准，不得擅自使用本单位印信。也就是说，使用机关或单位的印信，一定要由本机关或单位的领导审核签字。

（2）原则上盖哪一级机关的印章，由哪一级负责人批准。批准应有文字手续，并在用印登记表上注明。材料要妥善保管备查。

（3）有些纯属日常事务不涉及重大事宜的，单位领导人可授权办公室负责人或保管印信的人员具体掌握。

（4）秘书人员在用印信前，要认真审阅，检查有无领导人批准用印信的签字，了解用印信的内容和目的。检查无误后，在用印信登记簿上登记，方可用印信。

Step4　盖章、开出介绍信并做好登记

（1）盖印的方法：在落款处盖章，上不压正文，骑年压月。带有存根的公函或介绍信、证明信要分别盖骑缝章和文末落款章。印油要均匀，使印章端正、完整。

思考一下盖印的要求和注意事项：

_____

_____

_____

（2）介绍信的填写：

1）秘书要填写领用人的姓名、身份、去往何单位、联系何业务、领用日期、有效期等内容。

2）介绍信的文字要简洁明确，使接洽单位一看便知派出人员前去的目的。不要含糊笼统地仅仅写上"前去联系工作""商洽有关事项"等。

3）开具介绍信时，要同时在存根上加以记载，要与正本一致，并在落款处及骑缝处加盖两次公章。

4）填写要用钢笔、碳素笔或水性笔，书写要工整，字迹要清楚，不能随意涂改。

（3）印信使用登记：要将盖章用文件名称、编号、日期、签发人、领用人、盖章人等项详细登记。印刷式介绍信可在存根上签字，书信式介绍信可在专用登记表上签字，机关或单位发文除发文登记外，其他用印均应登记。

印章使用登记表

编　号	用印时间	用印部门	用印内容	份　数	批准人	经办人签名	备　注

介绍信发放登记表

编　号	发放时间	用　途	前往单位	有效期限	使用人	批准人	领取人	备　注

Step5　保管好印信使用、登记材料

盖完章或开完介绍信后，秘书要把用印申请单、介绍信审批单保存好，以便今后查核，并将填写好的用印登记表和介绍信发放登记表保存起来。

Step6　保存好印章、介绍信

在印信管理环节中这一步骤看似最为简单，却是必不可少的。秘书必须在做完相关工作后，将印章和介绍信放回保险柜锁好。

反馈小结

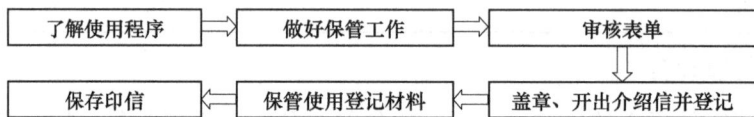

延展训练

（1）请阅读下面文字，说一说秘书小贺的做法是否正确，为什么？

小李因公出差，需开具介绍信，找到办公室秘书小贺办理此事。小李要求小贺为其多开几份空白介绍信并在事先准备好的空白信笺上盖上单位公章，说是外出方便一些，以备急用。为此，小贺感到有些为难，但经不起小李的再三恳求与保证，还是按小李的要求做了。

（2）某公司印章管理人员小马为工作方便，带印章一起出差到外地，这种做法正确吗？

资料库

印章的种类

印章根据其适用范围大致可以分为以下几种：

（1）公章。公章是一个企业的正式印章，标明企业法定名称，是企业的标志和象征，具有法定的权威和效力，一般用于正式文件和介绍信、证明信等材料中。

（2）专用章。专用章是指企业为开展某一类专门性业务而使用的印章，这类印章在印文中除刊有企业的法定名称外，还应刊有专门的用途，如"财务专用章""合同专用章"等。需要注意的是，这类印章不代表整个企业，只代表企业下属某一专门部门的职权。

（3）法定代表人私章。法定代表人私章又称为领导人签名章或手章。它是根据企业主要负责人用钢笔或毛笔亲自签名制成的印章，它具有权威性，代表法人，象征职权。银行支票、财务预算或决算、签订合同或协议等，除盖公章和专用章外，还须盖上法定代表人私章才能生效，其基本作用是以盖章代替手写签名。

（4）套印章。套印章是指按照正式印章的原样制版而成的印章。它专门用于印制大批量文件，与正式印章具有同等的法定效力。

（5）钢印。一般用于证明性公文或证件，不用印色，利用压力凹凸成形。

（6）戳记。戳记是为标志特定信息而使用的印章，如保密章、急件章、注销章等。

（7）缩印。缩印是按照正常比例缩小用于印刷的专用公章，只能用在小型票证上，如税务发票及其他专用票等。缩印不能作为正式印章用于介绍信或出具证明。

任务五　日常办公会议安排

情境导入

翰林文化发展公司有两个会议室，大的会议室可以容纳 50 人，小的会议室可以容纳 20 人。公司另有 1 间会客室，能容纳 4~6 人。每周一下午是公司召开经理日常办公会时间，本次会议 11 人参加，行政部助理高叶负责日常办公会议的安排。

任务描述

本次会议总经理、2 位副总经理以及各部门负责人参加，高叶需要进行会议的安排，做好会前筹备、会中服务、会后落实工作。

任务分析

按照公司惯例，高叶需要提前申请会议室，布置会场，调试会场设备；进行会议议程安排；做好会议记录。前台文员初萌负责会场服务和会后会议室的清理工作。会后的落实工作也由行政部高叶完成。

任务实施

Step1　会前筹备

前台文员初萌负责会议室的调度安排，根据会议室管理制度，高叶在年初就已经发送《会议室使用申请表》向初萌登记备案过了，本次办公会议依旧在固定时间和地点召开，高叶提前三天和初萌再次确认了会议室，并在会前进行会场检查，按会议要求提前做好会议室内设施设备、会务方面的准备工作，室内保持干净整洁，桌椅排放整齐，按会议需要备好茶杯及饮用水。

请帮高叶完成会议室使用申请表。

会议室使用申请表

申请部门			申请时间		年　月　日
经办人			参会人数		
会议时间	年　　月　　日　　星期				
开始时间			结束时间		
物资需求	话筒		投影仪		电脑	
	纯净水		水果		鲜花	
	X 展架		席卡		横幅	
	其他：					
综合管理部审核					
备注					

（1）准备会议议程。高叶需要提前准备会议议程，拟好草稿后，交领导批准，复印留待会中分发给与会者。在编排议程的时候，遵循以下 3 个原则：

1）按照议案的轻重缓急编排处理的先后次序。这样做的好处是：就算在预定的会议时间内无法将全部议案处理完毕，但起码较紧要的议案已被处理。那些较不紧要的议案则可另择时间，或并入下次会议再予处理。

2）每一个议案应预估所需的处理时间并清楚地标示出来。可让某些人只参与与他们有关的某些特定议案的讨论，某些人可晚到，也可以让某些人提早离开。

3）提前分发会议议题。如果希望从他人那里获得意见和想法，就要在会议之前给他们时间考虑会议的议题，而不能到了开会的时候才分发议题。对于那些复杂的财务或分析性质的议题，要提前一周分发出去；对于不太复杂的议题，也要提前分发下去。

请列出会议议程制定的程序以及如何处理敏感性话题，以供高叶参考。

_____

_____

_____

_____

_____

_____

_____

（2）布置会场。因为是公司内部的日常办公会议，所以高叶选择公司内部会议室作为会议场所，并进行会场布局。布局庄重、美观、舒适，体现出会议的主题和气氛。日常办公会的会场布局形式可摆放成方拱形、半月形、椭圆形、圆形、长方形、T 字形等。这些形式可使人员坐得比较紧凑，便于讨论和发言。

请思考高叶在会场布置时要准备哪些附属性设备和用品？

_____

_____

_____

_____

（3）场内座次安排。日常办公会议的座位安排应考虑与会者就座的习惯，同时要突出主持人、发言人。要注意分清上下座，一般离会场的入口处远、离会议主席位置近的座位为上座；反之，为下座。会议的主持人或会议主席的位置应置于远离入口处、正对门的位置。

（4）发放会议通知。尽管是公司内部日常办公会议，有固定的时间和地点，但是会议前1～2 天，高叶还需再次提醒与会人员准时到会。可以发放正式会议通知，也可以选择电话通知到个人，或者利用办公系统进行通知等，不管如何，必须确认与会人员收到会议信息方可。

（5）调试会议所需设备。在商务会议中常用的设备类型有：_____

_____

_____

会场设备的调试方面有哪些注意事项？

_____

_____

_____

Step2　会中服务

（1）会议签到。日常办公会可以采用表式签到或电子签到等方式。

（2）会议记录。会议记录要提前做好哪些准备工作？

_____

_____

_____

会议记录的内容有：

1）会议描述，包括会议名称、日期、时间、地点。

2）会议主持人（主席），会议出席、列席和缺席情况，会议记录人。

3）会议议题。如果有多个议题，可以在议题前分别加上序号。

4）发言人及发言内容。记录每人的发言时都要另起一行，写明发言人的姓名，然后加冒号。

5）会议决议。决议事项应分条列出。有表决程序的要记录表决的方式和结果。

6）写明"散会"并注明散会时间，并在右下方写明"主持人：（签字）""记录人：（签字）"。

思考会议记录有哪些注意事项？

_____

_____

_____

_____

（3）茶水等服务。可以提供瓶装水，也可以提供热茶，中途根据需要及时续水。如会中需要拍照等服务，应提前联络安排好相关工作。

Step3　会后落实

会议结束后，高叶检查会场，关好电脑、投影仪、门窗、空调、灯光等设备，待初萌查看后离开。

会后落实工作主要包括会议文件的收集、整理、立卷归档，会议纪要的整理印发，会议经费的结算及对会议决议事项的检查催办等。

（1）收集会议文件资料。确定会议文件资料的收集范围。会前分发的保密文件要按会议文件资料的清退目录和发文登记簿逐人、逐件、逐项检查核对，以杜绝保密文件清退的死角。收集会议文件资料要及时，确保文件资料在与会人员离会之前全部收集齐全。选择收集文件资料的渠道，运用收集文件资料的不同方式方法。与分发文件资料一样，收集会议文件也要履行严格的登记手续。认真检查文件资料是否有缺件、缺页、缺损的情况。及时采取措施补救毁损的文件资料。收集整理过程中要注意保密。

（2）会议文件的立卷归档。根据需要，会议文件可立卷归档，每份文件均应保存一份原稿、两份印稿。重要文件的初稿和历次修改稿的原稿和印稿也各保存一份。按文件原来编号存放或按问题汇编成册，以备查找利用。为了会后利用方便，对所保存的会议文件应该按问题分类编出卡片，作为索引。

会议文件立卷归档的程序可以归纳为：

_____

_____

（3）会议纪要整理印发。会议结束后，要运用会议纪要的形式，将会议的情况及议定事项记载下来，并要传达给与会单位的有关人员，使他们对某个会议有共同的认识与行动方向，以利于贯彻执行，这就需要编发会议纪要。

会议纪要的内容有哪些？

_____

_____

_____

如果会议决定的事项涉及有关部门，可以将会议纪要发给他们，也可以由秘书部门从会议纪要上摘录出有关内容后通知他们。印发会议纪要一般限于日常工作会议，对于大型的会议和专业会议，因为有正式文件和决议，一般不再印发会议纪要和决办事项通知之类的文件。

（4）跟踪反馈，落实会议精神。对于会议作出的决定和工作部署，秘书要保证各项工作得到及时贯彻落实，要及时了解各执行和配合部门各项工作的开展和贯彻落实情况，并将进度、问题、影响等信息反馈给领导，以便领导随时了解会议决定的各项工作的进展情况，及时采取下一步行动。从会议作出决定到这些决定付诸实施之间的工作环节，称为会议决定事项的传达与催办。

会议决定事项的传达方式有：＿＿＿＿＿＿＿＿＿＿＿＿＿＿＿＿＿＿＿＿＿＿

＿＿＿＿＿＿＿＿＿＿＿＿＿＿＿＿＿＿＿＿＿＿＿＿＿＿＿＿＿＿＿＿＿＿＿＿＿

＿＿＿＿＿＿＿＿＿＿＿＿＿＿＿＿＿＿＿＿＿＿＿＿＿＿＿＿＿＿＿＿＿＿＿＿＿

会议决定事项的催办方式有：＿＿＿＿＿＿＿＿＿＿＿＿＿＿＿＿＿＿＿＿＿＿

＿＿＿＿＿＿＿＿＿＿＿＿＿＿＿＿＿＿＿＿＿＿＿＿＿＿＿＿＿＿＿＿＿＿＿＿＿

＿＿＿＿＿＿＿＿＿＿＿＿＿＿＿＿＿＿＿＿＿＿＿＿＿＿＿＿＿＿＿＿＿＿＿＿＿

会议决定事项传达催办登记表

会议名称				时间		地点	
参加人员	主持人		出席	列席		记录员	
会议发文						记录本页　本　页	
会议决定事项摘要		承办部门	传达	情况		办理情况	
1. ……							
2. ……							

反馈小结

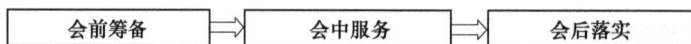

会前筹备　⇒　会中服务　⇒　会后落实

延展训练

（1）宏远公司将举行销售团队会议，研究销售工作下一季度的目标以及人员招聘、销售二部经理人选等问题，在会上还将进行东部地区销售情况的总结、销售一部关于内部沟通问题的发言。如果你是秘书，请制订一个会议议程表。

（2）艾琳达化妆品公司日常管理比较混乱，秘书没有将公司会议记录立卷归档，经常发生找不到会议文件资料的事情。一次，公司与合作方经过几次协商，双方签署了一个项目的合作意向书。不久，双方约定再次商谈并签订正式文本。然而，当需要意向书时，秘书在自己所保存的文件中无论如何也找不到了。当合作方听说此事后，中止了与该公司的合作。请说说为什么合作方会中止合作。

资料库

如何选择会议地点

1．外部会议室

外部会议室或会议厅是指企业内部会议室之外的会议场所。根据会议需要，一些大型会议或需要租借会议场地的重要会议，要根据会议主题、性质和规模提前做好会议场地的选择和预订工作，并及时进行会场的布置和检查。

选择外部会议室应考虑以下因素：

（1）会场位置应考虑到交通便利、停车方便，尽量避开闹市区，不受外界干扰。

（2）会场的大小与会议的规模要相适应，一般的会议平均 2～3 平方米/人的活动空间比较适宜，时间长的会议场地可以适当大些。

（3）场地应有良好的设备配置，如桌椅家具、照明、空调、网络、音像设备等齐全，投影、白板、麦克风等设备尽可能不需要租用。

（4）会场环境要整洁、空气流通，内部隔音良好，有利于保密，会场安全消防设施等无隐患。

（5）场地的租借成本合理。

（6）会议场所或周围能提供必要的餐饮和娱乐设施。

2．内部会议室

公司一般均有自己的会议室，一些日常办公会议、常规会议或者活动就可以使用自己公司的会议室，这种会议室的预订一般需要按照公司的会议室管理制度来执行。

内部会议室由办公室、综合部或公司指定部门统一管理，负责使用登记与调度、设备维护等相关事宜。内部会议室一般实行提前预约制度。相关人员（部门）使用会议室，需提前说明使用事由、会议人数、使用时间、联络人、联系电话，经登记批准后方可使用。

具体使用流程如下：前台登记申请表——综合管理部门审核确认——会议物资准备——会议室交付使用——会议结束整理验收。

需要注意的是：

（1）一般性会议需提前 3 天填写发送《会议使用申请表》至相关责任人处登记申请，以便总体协调；每周固定的例会时间，例行使用固定会议室，只需在年初按规定发送《固定例会申请表》登记备案一次，不必重复申请。

（2）审核通过后可以提前登记借用钥匙并对号使用会议室，进行会场布置与安排，若在预定时间不能按时使用时，申请人应及时通知管理员。

（3）会议室使用一般需遵循领导优先，先登记先使用、先紧急后一般、先全局后部门的轻重缓急原则。

（4）会议室使用完毕后，使用人应进行必要的检查，关闭会议室内各种电器设备的电源，特别注意必须等待投影仪散热，指示灯变红后方可切断电源，关好门窗，对会议室进行清扫和整理等。

任务六　小额现金管理

情境导入

翰林文化发展公司行政部文员钟苗正在办公室工作，前台文员初萌进来，欲借200元钱购买接待用水果，钟苗按正常程序为她办理借支手续。初萌刚走，助理高叶进来，要求钟秘书为她办理本市公务活动交通费用报销手续，共计210元。

任务描述

按照公司小额现金管理相关制度，钟苗为初萌办理了支借手续，随后整理高叶交通费相关票据并按时到财务部办理完结。

任务分析

初萌借用的小额零用现金事出有因，且需要经部门领导签字确认，钟苗在审核无误后，为初萌办理支借手续，支付200元现金给初萌，并要求初萌及时提供发票。钟苗认真审核发票，确认所有手续符合规定，在报销单据粘贴单上贴好发票，填好报销单，并将相关票据保管好，以便月末去财务部报销。

任务实施

Step1　做好小额零用现金保管工作

由于用支票来支付小额费用难以实行，一些企业办公室中常设有一笔零用现金，或称作备用金或零用金，以支付本市交通费、邮资、接待用茶点费、停车费和添置少量的办公用品。它通常是由企业领导和财务负责人批准后由秘书保管和支出的现金，也是一笔周转使用的现金：它的数额根据企业的规模和平时小额支出的次数多少来确定，秘书取得现金后，应将现金锁在保险箱内，并负起保管和支付备用的责任。

（1）零用现金的管理程序

1）必须建立一本零用现金账簿，清楚注明：收到现金的日期、收据编号、金额；支出现金的日期、用途；零用现金凭单编号、金额、余额等。有的还应该在账目上进行分析，了解花销的情况和去向。

2）内部工作人员需要领取零用现金时，应填写"零用现金凭单"，提交花销的项目和用途、日期、金额。

3）要认真核对零用现金凭单，经授权人审批签字后，方可将现金支付给需要者。

4）要认真核对领取者提交的发票等证据上的用途、内容、金额是否与零用现金凭单上填写的完全一致，然后将发票等证据附在零用现金凭单后面。

5）每当支出一笔现金，秘书均须及时在零用现金账簿上记录。

6）当支出的费用到一定数额后或月末，报销并将现金返还到零用现金箱中进行周转。

（2）零用现金的管理要求

1）秘书人员应该具有良好的职业道德和良好的思想道德品质。在管理办公室的零用现金时，不应该自己或者协助他人建立办公室的"小金库"，而是应该严格遵守办公程序和财务制度，依照国家法律以及相应的财会管理制度进行现金管理

2）秘书保管备用金，应把办公室的开支记录下来，以便了解办公开支情况，也可以作为资料存查。秘书应该养成良好的随手记录的习惯，以免因为忘记了一些开支而导致现金出现缺口，造成一些不必要的损失。

3）秘书在管理办公室零用现金的过程中，应该严格按照规章制度办事：在向有需要的申请者支付零用现金、用手中的零用现金报销一些开支的时候，应该严格按照相应的程序，做到该有的文件和单据完整齐全后再给予支付或者报销。而绝对不能够由于个人关系比较亲近而省去相应的手续，这样的行为于自己于别人于公司都是没有益处的，应当极力避免。

4）现金管理涉及公司的部分收支问题，应该制定严格的制度来加以保证。所制定的制度应该是依照国家颁布的有关现金管理的规章制度和管理办法，结合公司的实际情况来加以制定，以更好地贯彻落实。

想想看，钟苗平时应该怎样保管自己的零用现金？

Step2　认真审核零用金申领单，支付现金

初萌来领取零用金时，钟苗认真核对她所填的零用现金凭单上的金额、申请人签名及部门领导的签字，确认无误后，钟苗将 200 元现金付给了初萌。请代初萌填写零用现金凭单。

零用现金凭单

零用现金凭单	编号
项目和用途	金额
申请人签名	日期
审批人签名	日期
账页编号支付	日期

Step3　登记零用金账簿，保存好零用现金凭单及报销凭证

钟苗支付现金给初萌后，及时拿出零用现金账簿登记了支出费用的明细。零用现金账簿应清楚注明收到现金的日期、收据编号、金额数量和支出现金的日期、用途、零用现金凭单编号、金额、余额等。有时还要对账目进行分析，了解花销的情况和去向。

登记完毕后，钟苗应该：_____。

Step4　认真审核发票，为借款人报销

高叶拿着 210 元的交通发票来找钟苗报销。

钟苗首先认真审核了发票上_____、_____、_____等信息。随后拿出 2 天前高叶填写的零用现金凭单进行核对，确认两者完全一致后，将发票附在零用现金凭单后。由于高叶当初借用的现金只有 200 元，所以钟苗另外支付了 10 元现金给高叶，并在凭单上加以说明。

高叶走后，钟苗将相关发票粘贴在报销单据粘贴单上，填好费用报销单，并由部门主任签字后，将单据放在保险柜里保管好。

有时为公司办事需要花些费用，如出差或招待客人等，事后就需要报销费用。但这些费用不能从零用现金中支付，而需要直接到财务部门申请费用和报销结算。如上司出差回来后，秘书要代替上司报销差旅费。秘书应将上司所有出差票据整理好，按财务部门指定的单据填好，分门别类地算好，将所有单据按财务部门的规定贴在出差报销单后面，然后将报销单交上司本人或财务部门负责人审核签字。报销时应根据出差之前预借金额和出差发生的实际费用的差额，多退少补。

Step5　月末与财务部结算

要提前向有关领导报告，领导批准后，要严格按照公司的有关规定履行报销手续。报销要及时。

月末，钟苗将现有的_____、_____等票据整理好，确认_____、_____无误后，拿到财务部报销，并将现金返还到零用现金箱中进行周转。如有需要也可根据规定申领新的部门备用金。

反馈小结

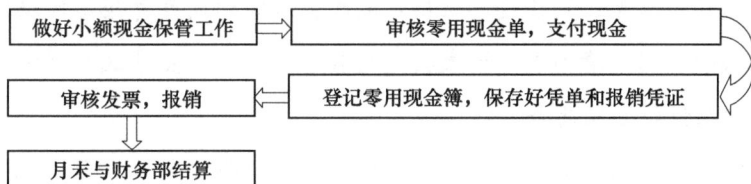

延展训练

（1）企业办公室为何要预留零用现金，有何用途？办公室零用现金如何管理？

（2）请阅读下面文字，回答问题。

宏远公司行政部的几台计算机出了问题，经常死机。行政经理让秘书李菲联系公司技术部请技术人员帮忙来修理一下。李秘书找到技术部，技术部负责人说这段时间技术部都在忙于新产品的开发，实在抽不出人来，只能等以后再说。李菲向行政经理汇报，行政经理有些着急，说办公室工作不能停。他突然想起什么，说办公室新聘的秘书王宁在学校学的就是计算机，让他试试吧。下午王宁检查了出问题的计算机，说修好没问题，只是要更换一些配件，需要几百元。李秘书负责办公室零用现金的管理，她从自己办公桌抽屉里的零用现金中拿出500元，交给王宁去购买配件。第二天，办公室的几台计算机终于修好了。

第二天刚上班，文印室的小赵来找李菲，说前些天文印室购买了一批打印用的 A4 纸，她交给李菲一张发票，李菲看了看金额，就把钱支付给了小赵。十点钟，行政助理找到李菲，说明天动身去杭州出差两天，要李菲去公司财务部借款。李菲说正好办公室零用现金还有几千元，你先拿去，回来再报销。行政助理走后，李菲这才想起办公室支出的费用已达到一定数额，需要到财务部门报销并将现金返还进行周转。她清理了抽屉里的一堆票据，发现有些票据她已想不起经手人是谁，甚至在发票里还夹杂了几张购货收据。果然，当她拿着票据到公司财务部报销时，就遇到了麻烦。

问题： 李秘书到公司财务部报销会遇到什么麻烦？你认为李秘书在办公室零用现金的管理和公务费用报销的工作中需要做哪些改进？

资料库

商务费用报销工作流程

（1）申请人首先提交费用申请书或填写费用申请表，详细说明需要经费的原因，涉及人员、时间，经费用途和金额等情况，并签字确认。

（2）该申请书或申请表必须经过单位确定的授权人审核同意并经签字批准后有效。

（3）获得批准的费用申请书或申请表提交财务部门，领取支票或按规定办理现金借款；另外也可先由申请人垫付完成商务工作。

（4）在商务活动中，无论是使用支票、现金，还是公务卡支付，都要向对方索取相应正式发票，发票内容中填写的时间、项目、费用等应与使用者实际用途相符，同时应盖有出具发票单位的财务章。

（5）商务工作结束后，申请人应将发票附在"出差报销单"或单据粘贴单后面，并亲自填写相关内容，签字提交出纳部门，由出纳部门把先前领取的现金数额和支出情况进行结算。如果是先由申请人垫付的，在提交票据和"报销凭单"后，方可返还现金。

宏远公司差旅费报销单

年　月　日

职别		出差人						事由								
城市（或地区）间车船费						交通费		住宿费			补助费			公杂费			其他项目		
月	日	起点	月	日	终点	张数	金额	天数	标准	实支	天数	标准	金额	天数	标准	金额	项目	张数	金额
																	火车卧铺补助		
																	行李杂费		
小　计								小计			小计			小计			小计		
合计人民币（大写）：　仟　佰　拾　元　角　分　　¥：																	附件	张	

审批人：　　　　　　审核人：　　　　　　经手人：

（6）如果申请或计划的费用不够，应提前向有关领导报告，在得到许可和批准后，超出的部分才可得到报销。

考 证 通 道

🌀 要点指导

要求学习者了解日常办公事务的基本要求，掌握日常办公事务处理的基本知识；能够正确进行电话接打，收发邮件，合理编制值班表，并能做好印信管理、小额现金管理以及日常办公会议安排。

1．五级秘书

（1）能够登记使用会议室。

（2）能够正确处理邮件。

（3）能够接打电话。

（4）能够发放会议通知，整理会场。

2．四级秘书

（1）能够做好日常办公会议的会前筹备、会中服务与会后落实工作。

（2）能够管理印章和介绍信。

（3）能够做好值班工作。

（4）能够管理小额零用现金。

3．三级秘书

能够改进办公室日常事务工作。

🌀 模拟习题

1．选择题

（1）下面各项中说法不正确的是（　　　）。

　　A．不准随意更换公章管理人员　　　　B．不准将公章交与他人管理

　　C．印章的保管者也是具体用印者　　　　D．应由专业技术人员保管印章

（2）小型会场内座位的安排，常以离会议主持人或主席位置近的座位为上座，而会议的主持人或会议主席的位置应置于（   ）的位置。

  A．接近入口处、正对门   B．远离入口处、正对门

  C．接近入口处、背对门   D．远离入口处、背对门

（3）每支出一笔现金，秘书均应及时（   ）。

  A．向主管领导汇报   B．向财务部门报销

  C．在零用现金账簿上记录   D．核对现金余额

（4）会议值班工作的作用不包括（   ）。

  A．沟通上下 B．宣传窗口   C．联系内外   D．协调左右

（5）关于电话接打说法不正确的是（   ）。

  A．最容易拿到手、最方便使用的地方

  B．一般情况下，来电话时，左手拿话筒，右手记录

  C．电话铃响三声内应该拿起话筒

  D．客户来电话找上司，上司不在时，告诉对方上司正在参加新产品开发会

（6）签收邮件的基本程序是（   ）。

  A．分拣、拆封、登记、传阅、复信   B．分拣、拆封、登记、复信、传阅

  C．分拣、拆封、传阅、登记、复信   D．分拣、登记、传阅、拆封、复信

（7）办公室开具介绍信时必须加盖（   ）。

  A．日期章   B．领导公用私章

  C．行政公章   D．钢印

（8）会议值班工作关键是要（   ）。

  A．执行记录制度   B．坚守岗位

  C．及时联络   D．做好服务

（9）秘书保管的零用现金不可以用于（   ）的支出。

  A．停车费 B．机票费   C．快件费   D．茶点费

（10）会议记录漏记的内容可以根据（   ）在会后进行补充修正。

  A．记录员的记忆   B．录音

  C．与会者的笔记   D．主持人的意图

2．实务题

背景说明：你是宏远公司的秘书钟苗，下面是行政经理需要你完成的工作任务之一。

便　　条

钟苗：

公司刚刚刻制了一枚新的公章，准备颁发并启用。请你以书面形式向我说明如何做好印章的颁发与启用工作，今天下班前发给我。

谢谢。

行政经理××

××年×月×日

课堂项目实训

实训内容

根据办公室日常工作事务内容，模拟办公室工作场景，编写情景剧本并演出。情景包括：

（1）接打电话（至少设置三种类型的电话事务）

（2）开介绍信

（3）值班工作场景

上交作业

（1）人员分工表 1 份。

（2）情景剧剧本 1 份。

（3）相关表格/文件 1 套。

实训要求

（1）剧情时长 3～5 分钟，内容可以反映正确的做法，也可反映错误的做法，自由点评。

（2）作业格式要统一规范，表述清楚。表格设计合理，填写规范。

评分标准

（1）文字材料 30%+实训态度 20%+小组协作情况 20%+表演及点评 30%。

项　　目	分值比例	评分要点
文字材料	30%	格式正确，结构完整，内容表述清楚，条理清晰，排版规范
实训态度	20%	工作主动，积极参与
小组协作情况	20%	组内优化方案质量高，团队合作精神好，合作能力强
表演及点评	30%	剧情符合办公场景要求，语言流畅，表演自然，配合得当

（2）教师 60%+小组互评 20%+自评 20%。

项 目 五

接待工作

项目导学

项目概述

随着公司业务量的增长，翰林文化发展公司来访的各方客户也与日俱增，除了前台的日常接待外，还有不少专门来公司考察参观、洽谈业务、商务谈判的重要客户和团体。接待工作是秘书部门履行公共关系职能的重要一环，是公司展示企业形象的"窗口"，总经理在年初的大会上特意强调了接待工作的重要性。会后行政部主任施林对接待工作做了具体安排，日常接待主要由前台文员初萌负责，重要客户和来访团体的接待由总经理秘书李娜负责协调安排，行政部和各相关部门同事全力协助。无论是何种来访者，都要热情对待，根据具体情况灵活应对，维护公司的良好形象。

项目任务

任务一　日常来访接待

任务二　重要客户接待

学习目标

知识目标：了解接待工作的相关礼仪；掌握接待日常来访者的流程和方法；掌握接待规格和接待原则及重要客户接待的流程和方法。

能力目标：能根据来访者是否预约，合理接待；能根据接待对象不同，制订切实可行的接待方案并实施接待工作。

情感目标：能够与来访客户进行良好的沟通；能够做好与其他部门和人员的协调工作；有踏实肯干的工作作风和主动、热情、耐心的服务意识。

任务一　日常来访接待

🗘 情境导入

从早晨到单位开始，初萌就忙个不停，一会儿打印文件，一会儿接听电话，一会儿通知这通知那，好不容易坐下来清静一会，又有人敲门。初萌心想，又是谁呀？但嘴里忙说："请进。"推门进来的是一个四十几岁的中年女性，初萌站起身，强打笑脸致意："您好，请问您有什么需要帮忙的？"来人说："我是安安保险的刘娟，和你们张副总有约。"初萌拿出预约登记簿，可看来看去都没有找到安安保险的名字，正要质疑，门口又进来一个人，初萌认出是市政府办公室周副主任，和行政部主任施林是老同学，忙热情地迎上去，说道："周主任您好！您是找我们施主任的吧，他正在开会，十分钟后就能结束，您先坐着喝点茶等他。"一边把周主任领到接待区坐下，一边手脚利落地沏好茶端给周主任。这时，站在旁边的客人生气了，大声说："你这个秘书懂不懂先来后到的道理？难道这就是你们的待客之道？我要向你们领导投诉你！"初萌一时愣住了，脸刷地一下红到耳根。周主任也一脸的尴尬。

🗘 任务描述

行政部主任施林事后了解了事情的经过，严肃地批评了初萌，并要求初萌反思自己的错误，重新学习前台接待的制度和要求，写出学习心得，总结前台接待的工作程序。

🗘 任务分析

日常接待是前台文员的重要工作之一，接待工作的好坏，不但直接体现了秘书个人的素质、能力，更反映出了组织的工作作风和外在形象。初萌在接待陌生的客人和熟悉的客人时，态度明显不同，没有注意到先后顺序，让先来的客人觉得受冷落，影响了公司的形象。作为前台文员，要认真学习和领会日常接待的程序和要求，根据具体情况以不同的技巧加以应对。

🗘 任务实施

Step1　做好接待准备工作

作为公司前台文员，每天都不可避免地要接待形形色色的客户，因此要做好充分的准备工作。首先心理上要有角色意识、服务意识，有诚恳的态度和合作精神；其次在业务知识和能力方面，要熟悉本职工作、了解本单位情况，掌握接待工作的制度和要求；第三要做好接待环境的布置和相关物品的准备。

接待环境包括前台、会客室、办公室、走廊、楼梯等处，应清洁、整齐、明亮、美观，没有异味。前台或会客室摆放花束、绿色植物，墙壁上可挂与环境协调的书画，营造出"欢迎您"的气氛。在预约客人到来之前将接待室的温度和湿度调节好，同时保证接待场所的桌椅干净无污损。可以准备一些介绍公司情况的材料及宣传画册等，茶具、茶叶、纯净水等要准备齐全。

想一想，哪些资料是不适宜放在接待场所的？_____

_____

Step2　提前一天收集并填写客人预约登记簿

日常来访接待分为有预约的接待和没有预约的接待。要想准确、快速地确认来访者是否已预约，前台文员需要提前一天在下班前与各部门的文员（或助理）沟通，了解并确认第二天预约客人的情况，并进行汇总登记至预约登记表中。

翰林文化发展公司预约登记表

日　期	时　间	预约日期	访客姓名	单　位	被访人	备　注
2013.3.5	8:45	2013.3.1	王玉成先生	博美公司	周副总	
2013.3.5	14:50	2013.3.3	刘丽女士	华山公司	销售部苏云经理	
2013.3.5	15:30	2013.3.4	陈强先生	云升公司	李总	
…	…	…	…	…	…	

Step3　亲切迎客

秘书接待客人时，在听到敲门声后，要马上停下正在做的事情，主动招呼并细心询问。无论客人是否有预约，都要做到"3S"迎客，即"Stand up"（起身迎客）、"See"（注视客人）、"Smile"（微笑迎客）。

（1）预约来访者的接待。对已预约的客人，进行核实后，要让客人填写来访登记表，同时迅速联系好被访人，对于初次来公司的客人，秘书应主动带路，将客人引领到被访人接待客人的地方。

请根据任务情境填写来访登记表：

翰林文化发展公司来访登记表

日 期	来访者单位	来访者姓名	来访事由	被访者	到达时间	离开时间

（2）非预约来访者的接待。对没有预约的临时来访者，秘书要及时了解来访者的来意，看看被访问的部门或人员是否方便。如果来访者要求当时见面，就要设法联系有关部门或人员，确定是否可行，如果可以，就按照预约来访者的接待工作程序进行，如果被访问者不方便，则向来访者说明情况，请对方留下联系方式，保证将留言交给被访者，或尽快安排双方见面。

（3）学会挡驾。有些来访者是领导不愿见或暂时没有时间见的，对这些客人秘书要学会巧妙地挡驾，找借口婉拒来访者，但在向对方表明原因时一定要注意言辞的礼貌、客气，不可生冷地一口回绝对方，给客人留下不好的印象。对一些急躁或言语激烈的客人，要心态平和，切不可言语相激。

在任务情境中，客人说自己是有预约的，而初萌在预约登记表中没有查到，这时初萌应该如何处理？_____

_____

_____

_____

Step4　热情待客

（1）引领客人。初次造访的客人，秘书应主动带路，将客人引领至被访者办公室或接待室。秘书应走在客人左前侧 1～1.5 米，边走边以手示意，并说"这边请""请这边走"，并请客人特别留意上下楼梯、转弯处。如要乘坐电梯，在上电梯之前，要告诉客人"是某某层"，如果电梯有专门工作人员开关，则请客人先入，如电梯无人，则秘书先入，并按住开门键，等客人进入后再松开，出电梯时请客人先出。到达接待室时敲门确认无人后领客人进入，内开门己先入，外开门客先入。

（2）及时介绍。当上司与客人是初次见面时，秘书应负责给双方介绍，介绍应大方得体，一般说来，介绍的原则是，职位低的先介绍给职位高的，年轻的先介绍给年长的，未婚的先介绍给已婚的，男士先介绍给女士，本国人先介绍给外国人，但在工作中，除本公司的先介绍给客人外，一般不以性别决定介绍的次序，而由职位的高低、资历的深浅来决定介绍的次序。

（3）适时上茶。给客人上茶一般要在主宾双方寒暄和交换了名片之后送进去。茶杯一定清洁。茶水保持七分满。送茶先从客人开始，先给职务高的客人，从客人右方奉上，并将杯柄放在客人右手方向，不能在端茶过程中影响主宾双方的交谈。在给客人添茶的时候，要先把冷茶撤下来再把热茶端上去。

请分组演示引领客人、介绍、上茶的过程。

Step5　礼貌送客

前台文员一般不负责送客，但客人离开时一般要经过前台并交回来宾卡。此时，秘书应起身向客人表示感谢："谢谢您的来访，请慢走。"等客人远去后，将客人离开时间记录在来访登记表中。

🌀 反馈小结

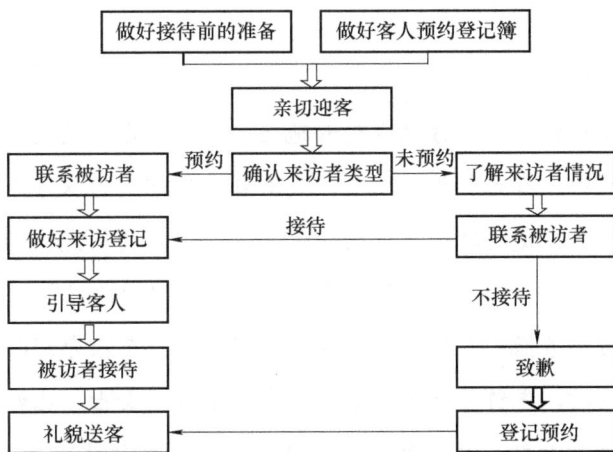

🌀 延展训练

请针对以下来访接待的工作情境，提出应对的方法：

（1）一位未预约的保险公司推销员要见总经理，声称前一天口头预约过，但总经理从未提及，你该如何处理？

（2）假如客人到来时，你正在接听一位重要客户的电话，此时你该如何处理？

（3）来访者投诉你公司产品不合格，坚持要见总经理，并且情绪激动，大吵大闹，你该如何处理？

（4）与销售部经理预约好的客人提前半小时到了公司，而此时销售部经理正在接待一位重要客人，此时你该如何处理？如果半小时过后，前一位客人还未离开，你该如何处理？

（5）你正在接待一位客人时，行政部主任的太太来了，而行政部主任之前说过他有一个重要会议，不见任何人，此时你该如何处理？

资料库

介 绍 礼 仪

介绍是商务活动中常见的环节，可以分为自我介绍和为他人作介绍。自我介绍，是向初次见面的人介绍自己，为他人作介绍，就是介绍不相识的人或是把一个人引荐给其他人相识沟通的过程。善于为他人作介绍，可以使你在朋友中享有更高的威信和影响力。为他人作介绍，在不同场合由不同人承担，公关礼仪人员、单位领导、东道主或与被介绍双方都相识的人，都是商务活动、接待贵宾和其他社交场合中的合适介绍人。

在进行介绍时，要注意以下几个问题：

1. 正确掌握介绍顺序

介绍顺序可以反映出被介绍双方的身份和地位，介绍人在介绍之前必须了解被介绍双方各自的身份、地位以及对方有无相识的愿望，或衡量一下有无为双方介绍的必要，再择机行事。介绍的先后顺序应坚持受到特别尊重的一方有了解对方的优先权的原则，应把男士介绍给女士，把晚辈介绍给长辈，把客人介绍给主人，把未婚者介绍给已婚者，把职位低者介绍给职位高者，把本公司职务低的人介绍给职务高的客户，把个人介绍给团体，把晚到者介绍给早到者。在口头表达时，先称呼长辈、职位高者、主人、女士、已婚者、先到场者，再将被介绍者介绍出来，然后介绍先称呼的一方。这种介绍顺序的共同特点是"尊者居后"，以表示尊敬之意。

2. 注意介绍时的神态与手势

作为介绍人在为他人作介绍时，态度要热情友好，语言要清晰明快。在介绍一方时，应微笑着用自己的视线把另一方的注意力吸引过来。手的正确姿势应掌心向上，胳膊略向外伸，指向被介绍者，但介绍人不能用手拍被介绍人的肩、胳膊和背等部位，更不能用食指或拇指指向被介绍的任何一方。

3. 介绍语言要简明扼要

介绍人在作介绍时要先向双方打招呼，使双方有思想准备。介绍人的介绍语宜简明扼要，并应使用敬词。在较为正式的场合，可以说："尊敬的威廉·匹克先生，请允许我向您介绍一下……"或说:"王总,这就是我和你常提起的晏博士。"在介绍中要避免过分赞扬某个人,不要给人留下厚此薄彼的感觉。

4. 恰当完成介绍程序

当介绍人为双方介绍后,被介绍人应向对方点头致意,或握手为礼,并以"您好""很高兴认识您"等友善的语句问候对方,表现出结识对方的诚意。介绍人在介绍后,不要随即离开,应给双方交谈提示话题,可有选择地介绍双方的共同点,如相似的经历、共同的爱好和相关的职业等,待双方进入话题后,再去招呼其他客人。当两位客人正在交谈时,切勿立即给其介绍别的人。

任务二 重要客户接待

情境导入

周一上午,李娜接到上海山水公司的总裁办电话,告知其公司秦总裁带领市场部张部长及刘秘书一行 3 人将于 5 月 16 日乘飞机抵达淮安,5 月 18 日离开,专程到翰林公司商谈合作事宜,李娜立即向李明总经理汇报,李总交代她要做好接待安排,并将接待方案尽快送给他审批。

任务描述

作为总经理秘书,李娜的任务主要是根据来宾情况和公司对接待工作的要求制订接待方案,并做好接待的准备工作,最后协助上司完成接待任务。

任务分析

有重要宾客或团体组织来访时,为了确保接待工作的圆满成功,秘书应当事先做好充分的准备,制订详细的接待方案,报给上司审批,并要熟练掌握接待工作的礼仪礼节,保证接待工作顺利进行。

任务实施

Step1 搜集来宾资料

对重要客户和团体接待首先要了解来宾情况,以便制订相应的接待方案,了解得越多、越具体，准备工作就越具有针对性，接待成功的把握就越大。来宾情况主要包括：

（1）来宾的基本情况。基本情况包括来宾所代表的机构或组织、具体人数、来宾抵达的时间和地点、来宾离开的时间、来宾乘坐的交通工具、来宾的行程路线和日程安排。

（2）来宾的个人情况。个人情况包括来宾的姓名、性别、年龄、身份、职务、民族、宗教信仰、生活习俗等，有时还要对主宾有更多的了解，如个人爱好、性格、特长等。

（3）来宾来访的目的和意图。只有准确了解来访目的，做出的计划和准备工作才有针对性。

来宾情况一般可以通过向上司或有关人员了解，也可以通过对方的函件或直接与对方公司的秘书接洽了解。如想更全面了解，还可以上网搜索，或通过亲朋好友帮忙。

根据李娜得到的信息，本次接待的来宾情况是：

来访公司：＿＿＿＿＿＿＿＿＿＿＿＿＿＿＿＿＿＿＿＿＿＿＿＿＿＿＿＿＿＿＿

来访人员：＿＿＿＿＿＿＿＿＿＿＿＿＿＿＿＿＿＿＿＿＿＿＿＿＿＿＿＿＿＿＿

来访目的：＿＿＿＿＿＿＿＿＿＿＿＿＿＿＿＿＿＿＿＿＿＿＿＿＿＿＿＿＿＿＿

来访时间：＿＿＿＿＿＿＿＿＿＿＿＿＿＿＿＿＿＿＿＿＿＿＿＿＿＿＿＿＿＿＿

Step2　拟订接待计划

秘书要做好接待工作，就要合理安排好来宾来访期间的工作、生活和业余活动，根据来宾的来访目的和要求妥善安排迎送活动、会见、会谈、参观、交流、游览或娱乐、宴请等项目，另外还要安排好来宾的食宿和车票代购等工作，并拟订详细的接待计划。接待计划拟好后，要提交给领导审核，日程安排还要交给对方确认，征求意见后修改定稿。接待计划一般包括以下内容：

（1）确定接待规格。确定接待规格即确定本次接待由谁主陪、其他陪同人员、住宿、用车、餐饮的规格等。接待规格根据接待方主陪人员的职位高低，分为高规格接待、低规格接待、对等接待。其中高规格接待指主陪人员的职务高于主宾，低规格接待指主陪人员的职务低于主宾，对等接待指主宾双方职务对等。一般情况下都采用对等接待，这样主宾双方地位对等，利于交流洽谈。弄清来访意图是合作洽谈后，李娜根据双方关系安排对等接待，她建议除李总参加接待外，本公司市场部杨华部长也应参加接待。

思考一下，什么情况下会使用高规格接待或低规格接待？

＿＿＿＿＿＿＿＿＿＿＿＿＿＿＿＿＿＿＿＿＿＿＿＿＿＿＿＿＿＿＿＿＿＿＿＿＿＿＿

＿＿＿＿＿＿＿＿＿＿＿＿＿＿＿＿＿＿＿＿＿＿＿＿＿＿＿＿＿＿＿＿＿＿＿＿＿＿＿

＿＿＿＿＿＿＿＿＿＿＿＿＿＿＿＿＿＿＿＿＿＿＿＿＿＿＿＿＿＿＿＿＿＿＿＿＿＿＿

（2）安排接待日程。接待日程安排包括接待时间、地点、活动内容、参与人员。山水公司来访的主要目的是商洽合作事宜，围绕这一接待主题，本次接待可安排_____

_____等活动。请

根据所知信息合理编制此次接待日程安排表。

山水公司一行接待日程表

日　　期	时　　间	活 动 内 容	地　　点	参 加 人 员	备　　注

（3）安排食宿。为客户安排食宿时要重点考虑客户的食宿标准、饮食习惯、住宿要求和提出的其他需求，确定住宿地点、房间数、住宿标准、就餐地点、就餐标准等，并与客户及时协调沟通方能最后确定。秘书不可擅自提高或降低接待标准，如果客人的要求是超标的，秘书必须向上司汇报，由上司作出决定。

接待来访团体或重要客户，一般会在接风或送行时安排宴请，其余饮食可以在宾馆或公司按相应标准安排工作餐。住宿方面，为客人选择住宿地点要考虑几个方面：一是交通是否方便；二是档次是否合适；三是环境是否安静优雅；四是来宾的身份地位和特殊要求。一般应选择几个不同档次相对固定的宾馆，建立长期的合作关系。

食宿安排上秘书可以提供几套方案供上司定夺。

请根据来访客户情况提出食宿建议。

饮食安排建议：_____

住宿安排建议：_____

（4）列支接待经费。接待经费主要包括住宿费、餐饮费、劳务费、交通费、工作经费、资料费、考察参观娱乐费、纪念品费、其他费用等。如果客户的住宿费、交通费等由客户一方支付，秘书人员要提前将所需费用与日程安排表一起寄给对方。

请为本次接待活动制订经费预算表。

山水公司一行接待经费预算表

序　号	项 目 类 别	费用预算明细/元	合计金额/元	备　　注
总计				

（5）确定工作人员组成。重要的团体来访，秘书一个人是无法承担所有准备工作的，在接待计划中，要确定各个环节的工作人员。为使大家对自己的工作心中有数，让所有有关人员都准确地知道自己在此次接待活动中的任务，可制订相应的表格，印发给有关人员。请帮助李娜安排工作人员。

接待工作人员安排表

时　间	地　点	事　项	工 作 任 务	工 作 人 员

Step3　与客户方及本单位相关部门沟通

接待日程和相关事宜初步定好后，李娜将接待计划发送至山水公司总裁办，请山水公司总裁办提出修改意见。山水公司对接待工作计划表示认可并给予答复。

李娜将此次接待工作涉及的几个部门经理召集到一起，商讨接待的具体事宜，落实人员的安排和相关材料的准备。

请根据你制订的工作表，考虑一下本次接待涉及哪些部门？

Step4　报请总经理审批

李娜将接待工作计划报请总经理审批，李总认真审核后，表示同意。

Step5　实施接待活动

（1）迎接来宾。迎接人员的安排有两种办法：一是主陪人在宾馆等候，派副职或办公室主任带人到机场或车站迎接；二是主陪人亲自到机场或车站迎接，表示对来访者的重视。如与来访者从未见过面，就需要事先制作一面牌子，上书来访者的单位名称，字迹要工整清晰，大小适宜，可以从远处看清，如有需要，可准备花束。

请为李娜设计一个迎接方案。

迎候人员：＿＿＿＿＿＿＿＿＿＿＿＿＿＿＿＿＿＿＿＿＿＿＿＿＿＿＿＿＿＿＿＿

迎宾物品：＿＿＿＿＿＿＿＿＿＿＿＿＿＿＿＿＿＿＿＿＿＿＿＿＿＿＿＿＿＿＿＿

迎宾方式：＿＿＿＿＿＿＿＿＿＿＿＿＿＿＿＿＿＿＿＿＿＿＿＿＿＿＿＿＿＿＿＿

（2）会见、会谈。对于来访客户，特别是正式来访的团体，一般都要安排会见、会谈活动，以进行双向交流和磋商。会见是礼节性的会晤，时间通常在半小时左右；会谈，又称谈判，内容比较正式，且专业性较强，多指双方就某些实质性问题交流情况、交换意见、达成协议。

会见、会谈前，秘书要做好信息资料的收集工作，提供给上司或其他人员作为参考。想一想，本次接待秘书李娜应准备哪些方面的资料？

会见、会谈时要安排好座次。会见时，座位安排通常为半圆形，宾客在右，主人在左；会谈时，宾主通常在长方形桌子两边相对而坐，宾客在离门较远的一方。

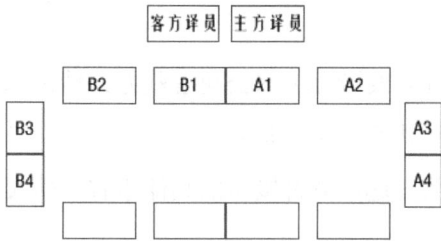

会见座位安排，A 方为主，B 方为宾

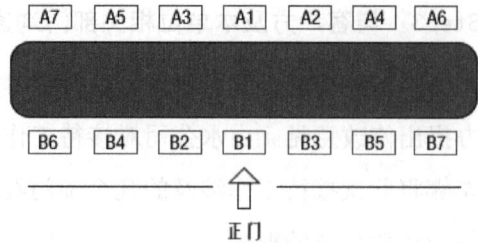

会谈座位安排，A 方为宾，B 方为主

会见、会谈结束时，有时要安排合影留念，应事先安排好合影位次图。一般主人居正中，遵循以右为尊的原则，主客双方间隔排列，若人多要分成多行，则按前高后低排列，尽量不要让客人站在边上。

请为本次接待活动安排合影位次图。

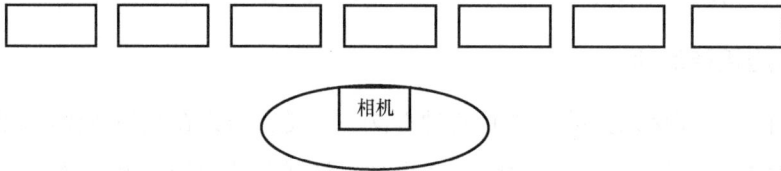

（3）安排参观。为使对方更全面地了解本公司的情况，一般会安排客人对本公司相关部门或项目、厂房、实验室等进行参观。安排参观活动要注意几点：一是参观目的要与来访目的相一致；二是选择有代表性的内容，能够满足来访者的基本要求；三是不会泄露核心秘密；四是做好参观路线安排，并事先与路线中涉及的各部门提前沟通，以保障在参观过程中接待工作的良好衔接。

（4）安排娱乐活动。团体来访超过 1 天或时间比较宽裕的一般会安排一些娱乐活动，一般会安排游览本地著名景区或一些文体活动。安排娱乐活动应了解客人的身体、年龄、特长和兴趣等，在制订计划前做好充分准备，选择合适、高雅的场所，熟悉游览地或将要去的场所，提前预订门票，安排好行程和程序以及交通工具、饮食等。

请为山水公司秦总一行安排游览或娱乐活动。

时间：_____

地点：_____

参加人员：_____

项目内容：_____

准备工作：_____

（5）宴请接待。正式宴请的时间以晚上居多，要根据主人、主宾身份确定宴请的档次，考虑来宾的饮食特点和禁忌，地点以中高档餐厅为佳，注意环境的优雅、安静，最好是包间。秘书要注意事先确定时间、地点、参与人员、交通工具、桌次、座次、菜单等，并报上司批准。在宴请时，接待人员应到门口迎接来宾，引导来宾进入宴会厅并入座。

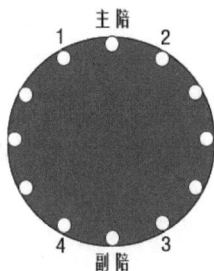

中餐桌

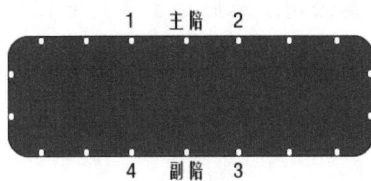

西餐桌

（6）送客。迎来送往是待客之道，在客人离别时，主方还应做好最后的送别工作。在客人离别前，主人一方全体陪同人员可到客人下榻的宾馆去话别，时间不宜过长，控制在半小时之内为好。若有礼品要送，此时送上最好，以便客人及时存放。此时还应告诉客人送行人员、车辆及时间方面的安排，让客人心中有数。主陪人员如工作忙，可请副职代替到机场或车站送行。

反馈小结

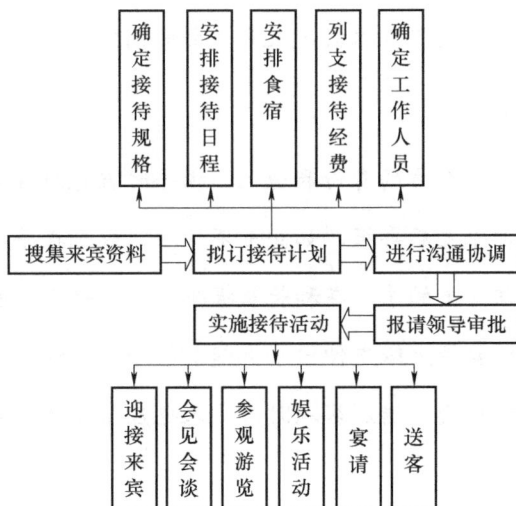

延展训练

（1）珍妮任总经理秘书后第一次独立负责来访团体的接待，这一天早早来到公司，希望能圆满完成任务，结果事与愿违，一天事故不断。上午去机场接机，因路上堵车迟到了半小时。陪同客人到达酒店后，又因匆忙进电梯，不小心将客人的手夹住了。晚上陪客人去听音乐会，手机接连响了两次，由于音乐会声音较大，所以珍妮很大声地对着手机讲话，周围的人都不满地看她。第二天一上班，李总就把她狠狠批评了一顿，要她写一份深刻的检讨。珍妮哪些地方做得不妥？应该怎么做？

（2）宏泰公司于总原定于 3 月 6 日接待山水公司齐总一行，商谈有关业务，可 3 月 4 日接到主管部门通知，3 月 6 日必须参加市里的一个重要会议，不得缺席，于总只得请张副总代替他出面接待齐总一行。

问题：

1）张副总出面接待，此次接待应是什么接待规格？

2）田秘书作为此次接待工作的具体筹划者，应做好哪些工作以应对变化了的情况？

资料库

握 手 礼 仪

无论在日常的社会交往还是在商务场合中，握手都早已经成为一种习以为常的礼节。通常，与人初次见面，熟人久别重逢，恭贺、致谢、告辞或送行等均以握手表示自己的善意。因此，掌握正确、礼貌的握手礼仪可以促进人与人之间的感情关系。

1. 正确掌握握手顺序

握手顺序可以反映出握手双方的身份和地位。握手时首先应注意伸手的次序。在和女士握手时，男士要等女士先伸手之后再握，如女士不伸手，或无握手之意，男士则点头鞠躬致意即可，而不可主动去握住女士的手；在和长辈握手时，年轻者一般要等年长者先伸出手再握；在和上级握手时，下级要等上级先伸出手再趋前握手。另外，接待来访客人时，主人有向客人先伸手的义务，以示欢迎；送别客人时，主人也应主动握手表示欢迎再次光临。

2. 注意握手的方法

（1）握手时一定要用右手，这是约定俗成的礼貌。在一些东南亚国家，如印度、印尼等，人们不用左手与他人接触，因为他们认为左手是用来洗澡和上卫生间的。如果是双手握手，应等双方右手握住后，再将左手搭在对方的右手上，这也是经常用的握手礼节，以表示更加亲切，更加尊重对方。

（2）被介绍之后，最好不要立即主动伸手。年轻者、职务低者被介绍给年长者、职务高者时，应根据年长者、职务高者的反应行事，即当年长者、职务高者用点头致意代替握手时，年轻者、职务低者也应随之点头致意。

（3）握手时，年轻者对年长者、职务低者对职务高者都应稍稍欠身相握。有时为表示特别尊敬，可用双手迎握。男士与女士握手时，一般只宜轻轻握女士手指部位。男士握手时应脱帽，如果是戴着手套，握手前要先脱下手套。若实在来不及脱掉，应向对方说明原因并表示歉意。不过在隆重的晚会上，女士如果是穿着晚礼服并戴着搭配服装的长手套则可不必脱下。

（4）在握手的同时要注视对方，态度真挚亲切，微笑致意或问好，切不可东张西望，漫不经心。如果是一般关系、一般场合，双方握手时稍用力握一下即可放开，时间一般为2～5秒。如果关系亲密、场合隆重，双方的手握住后应上下微摇几下，以体现出热情。如果男士同女士握手，一般只轻握女方的手指部分，不宜握得太紧太久。

（5）在任何情况拒绝对方主动要求握手的举动都是无礼的，但手上有水或不干净时，应谢绝握手，同时必须解释并致歉。多人同时握手时应按顺序进行，切忌交叉握手。

考 证 通 道

◯ 要点指导

要求学习者了解接待工作的基本要求，掌握接待工作的基本知识；能够区分接待对象，正确拟订接待计划，做好日常接待和重要客户、团体的接待工作。

1．五级秘书

（1）掌握日常接待工作的内容和程序，能够做好日常接待工作。

（2）掌握接待的相关礼仪，能够得体着装、展示规范姿态和表情，能够规范地介绍、握手、接递名片、问候及引领客人。

2．四级秘书

（1）能够区分接待对象，确认接待规格。

（2）掌握接待计划的基本要求，能够正确拟订接待计划。

3．三级秘书

（1）了解涉外礼仪、涉外交往常识，能够进行涉外接待。

（2）能够拟订涉外接待计划。

（3）能够正确安排礼宾次序。

（4）能够指导安排涉外宴请。

模拟习题

1．选择题

（1）确定接待规格（　　）。

　　A．不用讲求职位高低　　　　　　　　B．规格越高效果越好

　　C．陪同人员越多规格越高　　　　　　D．并不是规格越高越好

（2）影响接待规格的因素有（　　）。

　　A．对方的要求　　　　　　　　　　　B．对方与我方的关系

　　C．突然的变化　　　　　　　　　　　D．上一次的接待标准

（3）接待规格中（　　）是最常用的接待方式。

　　A．对等接待　　　　　　　　　　　　B．低规格接待

　　C．正规接待　　　　　　　　　　　　D．非正规接待

（4）接待规格的最终决定权在于（　　）。

　　A．秘书根据对方要求决定　　　　　　B．秘书自行决定

　　C．秘书的上司决定　　　　　　　　　D．行政办公室决定

（5）接待准备有环境准备、物质准备、（　　）。

　　A．室内准备　　　　　　　　　　　　B．安全准备

　　C．心理准备　　　　　　　　　　　　D．室外准备

（6）秘书人员接待来客必须遵守的原则是礼貌、负责、方便、（　　）。

　　A．快捷　　　　　B．有效　　　　　C．含蓄　　　　　D．热烈

（7）秘书的接待工作应遵守以下原则：诚恳热情、讲究礼仪、周到细致、按章办事、保守秘密和（　　）

　　A．主动热烈　　　　　　　　　　　　B．俭省节约

　　C．严肃认真　　　　　　　　　　　　D．讲究排场

（8）接待工作三项主要任务是安排好来宾的工作事宜、生活、（　　　）

    A．参观访问　　　　　　　　　　B．业余活动和服务

    C．研讨活动　　　　　　　　　　D．学习

（9）接待未预约来访者时，如果无法安排当天的接待，秘书不应该采取的方法是（　　　）

    A．替上司婉言谢绝　　　　　　　B．请客人留言

    C．帮助客人预约下一次来访时间　　D．向客人表示歉意

（10）准确地突出来访者的身份，是对（　　　）的尊重。

    A．接待者　　　　B．主人　　　　C．来访者　　　　D．陪访者

2. 实务题

便　　条

钟苗：

　　刘明副总经理下个月要接待福建翔远公司考察团。请你将制订接待计划的工作程序以及注意事项，用电子邮件发给我。谢谢！

行政经理　苏明

2015 年 5 月 20 日

课堂项目实训

❂ 实训内容

　　2014 年 3 月 11 日，新疆信海公司祁总经理带领财务部刘部长、销售部张部长、总经理秘书李秘书一行 4 人到南京汇丰贸易有限公司考察学习，期间打算就双方合作事宜进行洽谈。潘总一行打算在南京停留 2 日，14 日上午飞回新疆，他们希望能在工作之余看一看六朝古都的风貌。公司夏总要求秘书刘红制订一份详细的接待方案给他过目，并做好接待准备工作。

❂ 上交作业

（1）小组人员分工表 1 份。

（2）接待方案 1 份。

实训要求

（1）分组进行，分工合作当堂完成任务。

（2）作业格式要统一规范，设计合理，表述清楚。

评分标准

（1）文字材料 40%+实训态度 20%+小组协作情况 20%+成果汇报总结 20%。

项　目	分 值 比 例	评 分 要 点
文字材料	40%	格式正确，结构完整，内容表述清楚，条理清晰，排版规范
实训态度	20%	工作主动，积极参与
小组协作情况	20%	组内优化方案质量高，团队合作精神好，合作能力强
成果汇报总结	20%	汇报调理清楚，PPT 制作精良

（2）教师 60%+小组互评 20%+自评 20%。

项目 六

信息工作

项目导学

项目概述

　　翰林文化发展公司为了开拓新的市场，拟在大学城新开一家专营适合在校大学生使用的笔记本电脑专卖店，总经理要求企划部围绕该项目的可行性收集市场信息，并根据有效的市场信息进行科学预测，提出意见和建议。

项目任务

　　任务一　信息收集与整理

　　任务二　信息传递与存储

　　任务三　信息开发与利用

学习目标

　　知识目标：了解信息的含义、特征、分类；熟悉信息收集、整理、传递、存储、开发、利用和反馈的内容、方法与要求；熟悉信息工作程序。

　　能力目标：能够及时、准确地收集、筛选、校核、传递、存储、开发、利用和反馈信息，做好信息服务工作。

　　情感目标：树立强烈的信息意识，具有严谨、细致的工作作风和超前、主动的服务意识。

任务一　　信息收集与整理

情境导入

企划部接到为学生笔记本电脑专营店收集市场信息的任务后，迅速召开了部门会议，讨论任务分工与实施计划。经理秘书李娜认为，一方面需要收集各类笔记本电脑的品牌、型号、价格、销量等相关信息，另一方面需要收集学生购买和使用笔记本电脑情况的相关信息。策划主管张勇建议，加强信息的筛选、校核工作，以确保信息的真实性、准确性、有效性。文案孙红建议最后撰写成可行性研究报告提交给总经理，以便总经理决策。

任务描述

企划部经理刘华平要求秘书李娜负责收集和整理学生笔记本电脑市场的相关信息。

任务分析

信息是事物存在的方式或运动状态的直接或间接的反映。信息工作是组织信息有序化交流和利用的活动。信息工作程序包括收集、整理、传递、存储、开发、利用和反馈。信息收集是通过各种渠道、各种方式获得信息的过程。准确、真实、适用、时效是信息收集工作的基本要求。信息整理是对原始信息进行分类、筛选、校核，使其成为有价值信息的过程。

任务实施

Step1　明确信息收集范围

工作活动中的信息需求是不断变化的，具有针对性和灵活性。因此，秘书要以服务单位的各项工作为目标，确定收集信息的范围，按照需要有针对性地收集原始数据信息。

李娜需要收集的信息有哪些？（回答要尽可能全面、具体）

_____

_____

_____

_____

Step2 选择信息收集渠道

信息的来源十分广泛，秘书可以通过报纸、杂志、电视、广播、互联网、图书馆、档案馆、贸易交流、信息机构、朋友、供应商和客户、调查研究等各种渠道获取信息。从媒体、朋友、广告、信息机构等各种渠道获得的信息的可信度不一，秘书要根据工作的目的确定信息来源，选择最佳信息来源。

李娜可以通过哪些渠道收集各类信息？

Step3 选择信息收集方法

信息收集的方法有观察法、阅读法、询问法、问卷法、网络法、交换法、购置法。

李娜可以采用哪些方法收集各种信息？

Step4 查找信息

根据要查找信息的主题、内容、用途，利用各信息渠道提供的信息介绍、信息目录、信息咨询或其他信息查询途径，找出所需要的信息。

代李娜设计一份大学生笔记本电脑购买和使用情况调查问卷，并组织实施调查。

Step5 信息筛选

信息筛选是对收集到的大量信息进行鉴别和选择，判断信息的价值，决定信息的取舍，提取真实、有价值、能满足需求的信息。工作活动中，秘书接触到的各种信息繁多，如果不加筛选，就会被"文山"淹没。信息筛选一看来源，二看标题，三看正文。遇到几份信息反映同一类问题时，可视情况或将其综合成一份材料，或择优录用。

李娜将收集来的有关笔记本电脑和学生消费情况方面的信息进行了认真筛选，你认为她应该剔除哪些信息？

_____

_____

_____

_____

Step6 信息分类

筛选后的信息要进行分类。信息分类是根据信息所反映的内容性质和特征的异同，分门别类地组织起来的一种科学方法。信息分类的方法有字母分类法、地区分类法、数字分类法、时间分类法。

李娜从网络、商店、供应商处收集了很多关于笔记本电脑的品牌、型号、价格、销量、消费群体、市场前景方面的信息。为了便于向领导汇报，她应该怎样将这些信息进行分类？

_____

_____

_____

_____

Step7 信息校核

分类后的信息还需要校核。信息校核是对经过初步甄别的信息作进一步的校验核实，分析信息的可靠性和准确性，对信息的真实性进行认定。对信息中的事实、观点、数据、图标、符号，以及时间、地点、任务等进行核实。对有关政策、法规、重要计划、主要数据、典型事例要查对出处，核实原件。

你认为李娜应该怎样校核收集来的信息资料？

_____

_____

_____

_____

反馈小结

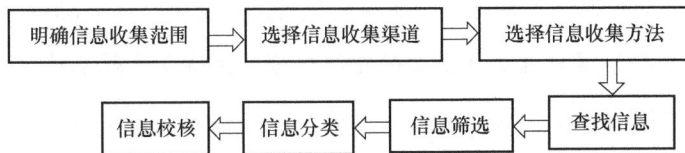

延展训练

（1）宏大商业集团公司今天上午接到一个电话，得知上海鼎鑫公司总裁王海军即将来南京出差。王总半年前刚从德国留学回来，能力卓越，上任半年就在上海商业界有了很好的知名度。行政经理徐建在对方上任后就开始收集这位新的合作伙伴的相关资料，得知对方即将来访的消息后，他便将相关资料带进了总经理宋一鸣的办公室。你觉得徐建应该收集了哪些方面的材料？他可能是利用哪些途径收集来的？

_____

_____

_____

_____

（2）一早，常州淹城旅游公司总经理就把秘书王丽叫到办公室，告诉她一个星期后英国伦敦的一家地接公司要来常州与他们公司谈判合作事宜。总经理要她从相关渠道搜集各种资料，为此次谈判做好充分准备。总经理强调，这件事关系到公司海外市场开拓的成功与否，收集的资料务必真实、准确、全面、有效。你认为王秘书应该从什么渠道收集哪些方面的信息？（注：地接是指旅游目的地的旅行社利用本地人优势，为外地旅行社组织的旅行团提供接待服务的一种工作形式。）

_____

_____

_____

_____

资料库

信息收集的要求及分类、校核的方法

1．信息收集的要求

信息收集是信息工作的第一个环节，直接关系到信息的加工、整理、开发和利用。为了

确保收集质量，秘书必须把握范围，分清主次，抓住关键。通常，企业秘书信息收集的范围有企业信息、合作伙伴信息、市场信息、法律政策信息、宏观经济金融信息、交际活动信息。在实际工作中，秘书要根据自身所在企业的组织规模、岗位职责等来确定信息收集的重点，在把握信息收集重点时，必须围绕服务领导来展开信息收集。企业秘书信息收集的重点通常有与领导业务有关的信息、领导交际活动信息。

为了确保信息质量，信息收集必须要做到准确、及时、广泛、适用。

（1）准确。信息的内容要准确无误，真实可靠。准确是信息的生命，是信息的全部意义所在。秘书收集到的原始信息要可靠、真实，处理信息要坚持主观倾向性与客观真实性相统一。如实反映情况，才能保证各级领导机关及决策者依据真实的、准确的信息作出恰当的判断和科学的决策。如果信息不准，必然会给领导工作造成失误。因此，准确应是秘书信息工作的灵魂。

（2）及时。信息的收集、处理、传递、反馈要及时迅速，讲究时效。市场经济对秘书工作的时效性提出了更高的要求，不仅传递要快，而且收集、加工、检索、输出都要高速度。信息处理如果不及时，就会失去其价值，甚至造成严重的损失。

（3）广泛。信息的收集和处理要注意全面性，真实地反映事物各个方面的情况。只有全面地反映情况，才能使各级领导根据各方面的信息，权衡利弊，择善而从，作出正确的判断和决策。

（4）适用。为了确保收集来的信息合适有用，信息收集首先要服务于中心工作。要弄清本地区本部门本单位的工作进展情况和急需解决的问题；要及时摸清领导者的思想脉搏，做到心中有数；要突出重点，帮助领导者集中主要精力考虑重点问题同时兼顾一般，以免发生不应有的疏漏。其次要根据不同领导机关和领导者的不同要求提供信息。除一些需要共同重视的信息以外，本级领导机关所需要的信息，并不一定都是上级或下级领导所需要的信息；别的部门所需要的信息，不一定为本部门领导者所需要。一条有价值的信息对于不同层次不同部门的领导者，其参考价值并不相同。秘书人员必须注意研究不同层次的领导者和服务对象的不同要求，在信息的投向上有针对性，区别对待，注意适用对路。

2. 信息分类的方法

收集到的信息经筛选后要进行分类。信息分类是根据信息所反映的内容性质和特征的异同，分门别类地组织起来的一种科学方法。常见的分类方法有以下几种：

（1）字母分类法：按照作者姓名、单位名称、信息标题等的字母顺序分类组合。

（2）地区分类法：按信息产生所涉及的地区或行政区划等特征，将信息分为各个类别，按字母的先后顺序排列。

（3）主题分类法：按信息内容进行分类的方法。为了全面、准确地反映主题，便于利用，可以按多级主题分类。将信息最主要的主题名称作为分类的首要因素，次要的主题作为第二个因素，依次类推。

（4）数字分类法：将信息以数字排列，每一通信者或每一专题给定一个数字，用索引卡标出数字所代表的类别。索引卡按所标类目名称的字母顺序排列，用分隔卡片显示每一个字母。索引卡一般用卡片式索引盒存储，占空间少，能放在桌子上，处理电话查询时容易找到信息。当要查找信息时，先从索引卡中按字母顺序找出通信者名或专题名，得到信息的数字，在相应的文件柜中找出标有该数字的文档。

（5）时间分类法：按信息所形成日期先后顺序分类的方法。

3. 信息校核的方法

分类后的信息还需要校核。信息的真实性、可靠性和准确性是研究的决策和基础和保证。信息校核是对经过初步甄别的信息作进一步的校验核实，分析信息的可靠性和准确性，对信息的真实性进行认定。信息校核主要是对信息中的事实、观点、数据、图标、符号，以及时间、地点、任务等进行核实，对有关政策、法规、重要计划、主要数据、典型事例要查对出处，核实原件。常用的方法有：

（1）溯源法。对收集到的信息所涉及的有关问题从源头进行审核查对。

（2）比较法。对反映某一事实的各方面的信息材料进行比较，判断说法、结论是否一致。

（3）核对法。依据直接的最新的权威性材料，进行对照分析，发现并求证信息中某些差错。

（4）逻辑法。对信息中表达的事实和叙述方法进行逻辑分析，从而辨别真伪。

（5）调查法。对信息中所表达的事物的运动变化情况，通过现场调查来验证它的真实性和准确性。

（6）数理统计法。对原始信息中的数据进行定性分析，运用数理模式进行计算鉴定。

任务二 信息传递与存储

情境导入

通过网络查询和商场实地调查，李娜掌握了各类笔记本电脑品牌、型号、价格、销量、销售群体以及市场前景等相关信息；通过问卷调查和数据分析，李娜掌握了在校大学生笔记本电脑购买和使用的相关信息。李娜把这一堆材料抱进了经理办公室。经理简单翻阅了后说：

"总经理需要的是一份项目可行性研究报告，而不是一堆乱七八杂的材料，你把这些资料交给孙红，让她写一份可行性研究报告提交给我吧。"

任务描述

孙红需要根据李娜提供的资料撰写关于开设大学生笔记本电脑专营店的可行性研究报告，然后经由企划部经理提交给总经理，以便为总经理的决策提供依据。

任务分析

信息传递分为内向传递和外向传递。信息传递要做到：①按不同的需要把握信息传递对象、传递方式、传递时间；②主动地、不失时机地将信息传递给接收者；③保密信息按照保密范围进行传递；④在传递信息的过程中保证内容不失真。

任务实施

Step1　确定传递信息的内容

确定哪些内容是必须进行传递的，哪些是需要过滤的。

孙红提交给企划部经理的可行性研究报告应该包括哪些内容？

_____

_____

_____

Step2　选择传递信息的方式

信息传递的方式包括信件、备忘录、报告、通知、指示、新闻稿、内部刊物、传阅单、新闻发布会、声明、直接邮件。

内部传递时一般采用哪些方式？

_____

外部传递时一般采用哪些方式？

_____

孙红向经理刘华平提交可行性研究报告属于哪种传递方式？

_____

_____

Step3　确定信息传递的方法

信息传递的方法有语言传递、文字传递、电讯传递、可视化辅助物传递。

为企划部经理准备一份简短的口头汇报材料，以便他在提交可行性报告时向总经理就项目调研情况和调研结果作简要汇报。

_____

_____

_____

_____

_____

Step4　进行信息传递

将用一定形式表现的信息，按照所选择的信息传递方法，及时准确地传递给信息接收者。

如果总经理出差在外，可以用什么方式将信息传递给他？使用这种方式时要注意什么？

_____

_____

_____

_____

Step5　信息存储

信息存储的载体有纸质载体、U盘等半导体，以及软盘、硬盘、磁带、光盘、微缩品等磁性载体。信息存储要求：①选择有实用价值的信息进行存储；②按信息内容确定存储期；③分类存储；④防止受到损坏或失密；⑤要便于查找和利用。

信息存储的工作程序为：①登记，有总括登记和个别登记两种类型；②编码，有顺序编码法和分组编码法两种；③排列，有时序排列法、来源排列法、内容排列法、字顺排列法四种；④保存，有手工存储、计算机存储、微缩胶片存储三种；⑤保管，要做到防火、防潮、防高温、防虫害、防失密、防泄密、防盗窃。

你认为可以采用哪种载体和方法存储、排列这个项目的有关资料？存储时应该注意什么？

反馈小结

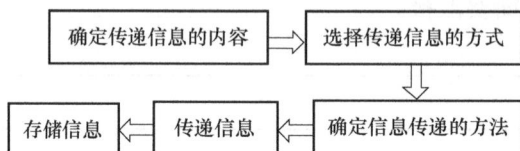

延展训练

（1）通过互联网查询我国企业实施"5S"管理的有关情况，并将查询到的信息整理成一份专题报告。内容要涉及："5S"的由来、内涵，实施"5S"对企业生产质量控制的影响，实施"5S"与实施 ISO9000 的关系，如何推进"5S"管理，"5S"管理中容易出现的问题及其解决方法，"5S"在我国的新发展等。

（2）某信息投资公司在信息传递过程中，多次发生信息失真、时间拖延以及传递失密等问题，为此，公司委托办公室主任专门召开了由各部门办公室负责人参加的关于信息传递制度的专题会议，你认为这位办公室主任应该在会议中提出了哪些要求与建议？

资料库

信息传递的方式、途径、要求

1. 信息传递的方式

信息传递的方式是多种多样的。根据不同的分类方法可作如下分类：

（1）按照流向的不同，可以有单向传递、反馈传递和双向传递三种方式。

单向传递是传递者到接收者的单方向传递，如组织内部下达各种简报，上报各种报表，报纸上公布各种行政法规和行政命令等。

反馈传递是经由接收者向传递者提出要求，再由传递者将信息传给接收者的方式，如下级部门根据上级部门的要求上报各种数据报表，反映情况、汇报工作等。

双向传递是指传递者和接收者互相传递信息，传递者和接收者都是双重身份，既是传递者又是接收者，如经验交流会、上下级之间的请示和批复等。

（2）按信息传递时信息量的集中程序不同，有集中和连续两种方式。

集中式是时间集中、信息量大的传递，如年终总结、季度情况反映等。连续式是不间断的、持续的传递方式，如按日、按周、按季度上报的报表。

（3）按信息传递范围或与环境关系的不同，可有内部传递和外部传递两种方式。

内部传递是组织内的传递，如公司内部的会议汇报、布告、电话等。外部传递是指企业与上级主管部门、合作企业及其他社会团体或组织之间的传递，如某企业为推广新产品而举行的新闻发布会等。

2. 信息传递的途径

随着现代通信技术的迅速发展，信息传递的途径也越来越广泛。目前，我国信息传递的具体途径有：

（1）电讯传递，即通过电话、电报、电传等方式进行传递。

（2）网络传递，即通过电子邮件、微信等方式进行传递。

（3）新闻传递，即通过报刊、广播、新闻发布会等方式进行传递。

（4）邮路传递，即由邮电部门采取邮件形式传递。

（5）面授或直接送达，如派专人送达、召开各类讨论会、交流会等。重要的信息资料或距离较近者可采用这种方式。

3. 信息传递的要求

如果一条有重要价值的信息未能及时准确地传递给决策者，那么决策者在做决策时就不能考虑这条信息，因而就有可能造成难以弥补的、不可估量的损失。一般来说，信息资料的传递基本要求是"多、快、好、省"。

"多"，是指数量而言的。要求在一定条件下传递的信息资料数量尽可能大，或者说在一定渠道中通过的信息尽可能多。"快"，是就速度而言的，指信息资料的传递特别要注意时限，能够在尽可能短的时间内，使信息到达指定目标。"好"，是就质量而言的，要求信息资料的传递准确可靠，防止失真。"省"，是就效益而言的，要求信息资料的传递中讲究经济效益，以最少的费用传递尽可能多的信息。

为了达到"多、快、好、省"地传递信息，减少信息传递的中间环节是一项有力的措施。缩短信息传递的渠道有时也能加快传递速度。要加快信息传递速度和加大信息容量，必须利用一些现代化的传输手段，如电话、电报、传真、互联网、有线远程通信、无线通信和移动通信等。

任务三　信息开发与利用

情境导入

临近年底了，大学生笔记本电脑专营店也开张了大半年，半年来销量很好，业绩月月攀升。总经理让企划部经理刘华平在年底总结大会上就这个项目的开展情况作一个典型性汇报。企划部经理把汇报材料的撰写工作交给了文案孙红。

任务描述

孙红需要撰写一份关于大学生笔记本电脑专营店项目建设与运营情况的总结。为了写好这份总结，孙红需要查阅各种资料，包括从前期调研到投资运营的各种材料。

任务分析

信息开发是对信息进行全面挖掘、概括提炼，以获得高层系信息的过程。信息开发分为一次开发、二次开发、三次开发三种。一次信息开发主要是将无序信息转变为有序信息，提高信息的利用率，如剪报、外文文献编译。二次信息开发是对一次信息进行加工整理后而形成的新信息，提供信息线索，便于人们对信息进行概括了解，如索引、目录编制、文摘。三次信息开发，是在一次、二次信息的基础之上，通过分析概括而形成更深层次的信息，如简讯、调查报告。

任务实施

Step1　确定主题

选题是信息开发的起点和目标。选题的来源一般有三种渠道：①下达的任务；②利用者提出的要求；③工作需要，自主选择。

孙红要撰写的汇报材料的选题属于哪种来源？这份汇报材料的主题是什么？

_____

_____

_____

_____

Step2　分析信息材料

围绕主题进行选材，对获得的信息材料进行分析、梳理，决定取舍。

为了撰写这份汇报材料，孙红需要收集哪些材料？

_____

_____

_____

Step3　选择信息开发的方法

信息开发的方法有：①汇集法。围绕某一主题，把一定范围内的信息按一定的标准汇集在一起。②归纳法。将反映某一主题的信息集中，经过系统综合分析，明确说明某方面的工作动态。③纵深法。把若干具有内在联系的信息或不同时期的有关信息从纵向进行比较，形成新的信息材料。④连横法。按照某一主题，把若干不同来源的信息进行横向连接，做出比较分析，形成新的信息材料。⑤浓缩法。压缩信息材料的篇幅，达到主题突出、文字简练的效果。⑥转换法。把不易理解的数字转换成容易理解的数字。⑦图表法。将有一定规律的数据制作成图表。

孙红在撰写汇报材料时可能会用到哪些信息开发方法？

_____

_____

_____

Step4　选择信息开发的形式

信息开发就是要对信息进行有序化处理、加工和提炼。秘书要根据信息开发的具体要求，选择恰当的信息开发形式。信息开发的形式有简报、索引、目录编制、文摘、信息资料册、简讯、调查报告。

孙红撰写的汇报材料按信息加工的层次分析法分类，属于第几层次信息？

_____

_____

_____

_____

Step5　形成信息产品

按照主题要求，以一定的逻辑顺序，把选择出来的信息材料有条不紊地组织起来，成为一个有机整体。

代孙红撰写汇报材料。

_____

_____

_____

_____

_____

_____

_____

_____

_____

_____

_____

_____

_____

_____

_____

_____

Step6　信息利用

信息利用就是通过一定的方式将信息提供给利用者，实现信息的价值。信息服务具有周期性、经常性、广泛性和实效性特点。信息利用要遵守信息法规，在维护信息安全的同时最大限度地满足信息需求。信息利用服务的途径有信息检索服务、信息加工服务、定题查询服务、信息咨询服务、网络信息服务。提供信息利用服务首先要确定利用者的需求，然后根据需求选择利用途径，查找并提供利用者所需要的信息或信息加工品。信息利用中可以使用跟踪卡、文档日志记录信息借阅情况，跟踪信息的去向。

反馈小结

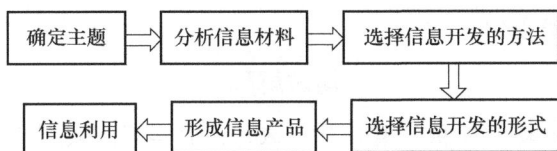

延展训练

宏达贸易集团公司部门多且分工明确，形成的信息材料数量大。为了使信息易于查找、利用，秘书李明按照信息来源的部门，结合时间进行排列，然后将信息装入文件袋中，整齐地放入文件柜中保存。电子信息存储在专用电脑里并进行备份，需要查阅信息时，可以根据形成部门和时间迅速找到信息，提高了信息利用率。李明的做法值得你借鉴的地方有哪些？请谈谈你的想法。

资料库

我国信息安全法律及行政法规（部分）

法律

中华人民共和国宪法

中华人民共和国保守国家秘密法

中华人民共和国国家安全法

中华人民共和国人民警察法

中华人民共和国刑法

全国人民代表大会常务委员会关于维护互联网安全的决定

中华人民共和国电子签名法

中华人民共和国治安管理处罚法

行政法规

中华人民共和国计算机信息系统安全保护条例

中华人民共和国计算机信息网络国际联网管理暂行规定

商用密码管理条例

中华人民共和国电信条例

互联网信息服务管理办法

互联网上网服务营业场所管理条例

信息网络传播权保护条例

司法解释

关于审理扰乱电信市场管理秩序案件具体应用法律若干问题的解释

关于审理涉及计算机网络域名民事纠纷案件适用法律若干问题的解释

关于审理涉及计算机网络著作权纠纷案件适用法律若干问题的解释

最高人民法院关于审理非法出版物刑事案件具体应用法律若干问题的解释

最高人民法院关于审理涉及计算机网络著作权纠纷案件适用法律若干问题的解释

最高人民法院关于审理涉及计算机网络域名民事纠纷案件适用法律若干问题的解释

最高人民法院、最高人民检察院关于办理利用互联网、移动通讯终端、声讯台制作、复制、出版、贩卖、传播淫秽电子信息刑事案件具体应用法律若干问题的解释

考 证 通 道

要点指导

要求学习者了解信息工作的基本要求，掌握信息收集、分类、筛选、校核、传递、存储、开发、利用、反馈的基本知识和工作方法，树立信息工作意识，从而能够主动有效地开展信息工作。

1．四级秘书

（1）能够收集信息。

（2）能够筛选信息。

（3）能够进行信息分类。

（4）能够校核信息。

（5）能够运用各种方式传递信息。

（6）能够登记、编码、排列、保管信息。

2．三级秘书

（1）能够加工、编写信息材料。

（2）能够提供并利用信息。

（3）能够反馈信息。

模拟习题

1．选择题

（1）掌握信息收集的方法非常重要，因为它是（　　　）。

　　A．信息工作的基础　　　　　　　　B．信息工作的手段

　　C．信息工作的原则　　　　　　　　D．信息工作的特点

（2）信息分类过程可以分为（　　）两个主要环节。

　　A．检索和排序　　　B．集中和分类　　C．区别和归档　　D．辨类与归类

（3）信息工作中常用的检索工具有（　　）。

　　A．文摘、索引、资料指南　　　　　B．目录、文摘、索引、资料指南

　　C．目录、文摘、索引　　　　　　　D．目录、文摘、分类、索引

（4）收集简单的、时间性强的信息，更适于采用（　　）。

　　A．电话询访法　　　B．问卷法　　　C．购买法　　　D．观察法

（5）向领导提供"马后炮"信息是违背了秘书工作的（　　）的特点。

　　A．追踪原则　　　　B．最佳时机　　C．选优原则　　D．超前原则

（6）不相隶属的机关单位的相关信息是（　　）。

　　A．上级信息　　　　B．社会信息　　C．平行信息　　D．历史信息

（7）秘书信息工作的原则有（　　）。

　　A．追踪原则　　　　B．超前原则　　C．选优原则　　D．完整原则

（8）收集信息的渠道，按获取信息的来源分有（　　）。

　　A．内部渠道　　　　B．媒体渠道　　C．调查渠道　　D．外部渠道

2．实务题

（1）20 世纪 60 年代，上海市某保温瓶厂开始研究硅镍保温技术，直到 20 世纪 70 年代中期，从海外某杂志上偶然发现这种技术早在 20 世纪 50 年代就已经在美国成功使用，这意味着该厂这项历时十余年、耗资几十万元的研究工作是在开发国外落后的工业技术，毫无意义和价值。请结合秘书信息工作的基本要求，谈谈上海某保温瓶厂的信息工作存在哪些不足？

（2）某公司办公室主任让小张将一堆没有整理的资料根据信息分类的要求进行整理，这些资料有书信、单据、合同、广告稿、新闻稿、建议书、信函、文件、调查记录、报刊文章等，小张进行分类时，按主题分成两大类。小张的做法有什么问题？

课堂项目实训

实训内容

到学校图书馆查找秘书方面的书籍，将有关信息记录下来。设计一份调查问卷，了解文秘专业学生课外阅读专业书籍的情况。根据所收集的信息给学校图书馆以及文秘专业学生一些建议。

上交作业

（1）人员分工表1份。

（2）调查报告1份及调查问卷原始资料。

（3）反映信息收集过程及调研结论的PPT（需反映实训内容里具体要求）。

（4）活动总结1份（主要说明小组合作完成任务过程中的想法、做法、感受等）。

实训要求

（1）分组进行，分工合作完成任务；问卷调查部分可两组合作完成。

（2）作业格式要统一规范，设计合理，表述清楚。

评分标准

（1）文字材料 40%+实训态度 20%+小组协作情况 20%+成果汇报总结 20%。

项　　目	分 值 比 例	评 分 要 点
文字材料	40%	格式正确，结构完整，内容表述清楚，条理清晰，排版规范
实训态度	20%	工作主动，积极参与
小组协作情况	20%	方案质量高，团队协作精神好，合作能力强
成果汇报总结	20%	汇报条理清楚，PPT 制作精良

（2）教师 60%+小组互评 20%+自评 20%。

参 考 文 献

[1] 中国就业培训技术指导中心．秘书国家职业资格培训教程：四级秘书[M]．北京：中央广播电视大学
    出版社，2006．

[2] 中国就业培训技术指导中心．秘书国家职业资格培训教程：三级秘书[M]．北京：中央广播电视大学
    出版社，2006．

[3] 葛红岩．新编秘书实训[M]．北京：高等教育出版社，2008．

[4] 陆瑜芳．办公室实务[M]．3 版．上海：复旦大学出版社，2013．

[5] 王玉霞．办公室事务管理[M]．北京：清华大学出版社，2010．

[6] 胡鸿杰．办公室事务管理[M]．北京：中国人民大学出版社，2008．

[7] 聂莉琼．办公室事务处理[M]．北京师范大学出版社，2011．

[8] 张丽荣．办公室实务[M]．北京：机械工业出版社，2010．

[9] 王瑞成．新编秘书理论与实务[M]．北京：中国人民大学出版社，2011．

[10] 焦名海．秘书理论与实务[M]．大连：大连理工大学出版社，2012．